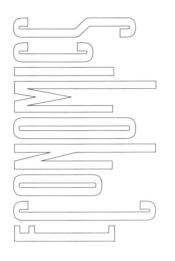

经济学
江湖事

一部极简
经济学史

徐秋慧 ———————————————————— 著

格致出版社　上海人民出版社

献给我的父亲和母亲

推荐序

2017 年 10 月,我在徐老师的微信公众号"经济学江湖事"上,读到一篇精彩的趣味文章(现收录为本书第 1 章)。我没预期到三件事:(1)有人会用这种手法呈现这个题材;(2)文笔生动,引人入胜;(3)出自年轻女老师之手。我追着看她的一系列公众号文章,风格稳定,文笔活泼,真是高手在民间,自叹弗如。我一直有个感觉,徐老师日后会写出完整版的《经济学界儒林外史》。

西方经济思想史这个小领域,目前的从业人员实在太少。经济学界的才子高手都投身在理论、数学、计量、政策上,哪还有空闲来研究"死人的错误见解"。这是需求面的乏力,也有供给面的弱势:这个领域的著作大都太严肃,也都板着脸讲。本来就没人想看,又表演得这么差劲,难怪门可罗雀。

我认为真正的原因,是对议题不够深入掌握,没跟上前沿文献,也没有走上国际学术舞台的雄心。正如南宋辛弃疾所说的:"少年不识愁滋味"（体会不足），却又"为赋新词强说愁"（不够理解，又硬讲）。思想史这个学科不易发展，有两大天敌：死板与硬讲。

要振兴这个濒危学科，有个简捷的办法：把手边的议题深入搞懂，然后走白居易的"老妪能解"路线："白乐天（居易）每作诗，问曰解否？妪曰解，则录之；不解，则易之。"在这推广阶段，研究者先要开着心（胸）学习，然后笑着脸写给人看、讲给人听。

经济思想史不是什么高深的学问，门槛不高，优点是地广人稀，还有很大的耕耘空间，长期投资报酬率未必低于地狭人众的领域。请记住成功的两大要诀：人多的地方不要去，不比人强就和人家不一样。日本、韩国都已在这领域抢下地盘，华语学界尚需积极角逐，大幅提高目前低迷的市场占有率。

东京大学经济系的图书馆，很早就默默买入亚当·斯密的私人藏书，现在成为国际上研究斯密的重要据点。根岸隆教授（Takashi Negishi, 1933—　　）1958 年（25 岁）就在《计量经济学》（Econometrica）发表研究一般均衡理论的短文（26 卷 3 期），1962 年在同一刊物再登一篇长文（第 30 卷第 4 期第 635—669 页），1963 年（30 岁）在东京大学取得博士学位。这样的成果让他在 1966 年当选世界计量经济学会会士，1993 年成为会长，这是多么荣耀国家的事。如果你去搜寻他的著作，还会看到他的第二专长：好几本经济思想史的英文著作，与许多单篇论文。

我认为这种软实力，是日本经济学界在为诺贝尔经济奖长期埋设的伏笔。东京大学经济系学生必修经济思想史，因为日后若有毕业生得奖,总不能在瑞典用 PPT 讲方程式吧! 总要让世人明白他的贡献:如何与历史大传统接轨,以及添增了哪些面向,才值得领这个奖。

再以美国的两位诺奖获得者为例,保罗·萨缪尔森（Paul Samuelson，1970 得奖),他对思想史的研究论文将近百篇,也都刊在重量级刊物上。乔治·施蒂格勒（George Stigler，1982 得奖)的博士论文就是写思想史,他也是马克·布劳格（Mark Blaug）的博士论文指导教授（主题是李嘉图经济学的方法论)。这两位大师通古博今。聪明的你,还要坚持说"经济思想史是从垃圾中制造垃圾"吗?

徐老师这本趣味著作,目的也是"老妪皆解"。她还年轻,期待日后有更有启发性的续作嘉惠读书界。我相信这种科普应能激起涟漪,引起池中鱼儿的注目。如果你是条大鱼,那就请赶快上钩,把思想史当作第二专长。接下棒子快步向前跑,伺机弯道超车。期盼你也能像根岸隆一样,让经济理论与思想史的学者都景仰,也给国家带来荣耀。

赖建诚

台湾清华大学经济系荣休教授

北京大学人文社会科学研究院特邀教授

2019 年 1 月

开场白:经济思想史这件小众的事

记得在报考博士时,高鸿业先生年事已高,故只招收两名学生,一名西方经济学专业,一名外国经济思想史专业。当时有 20 人左右报考了先生,但没有人报考思想史(或称学说史)专业,大家都是奔着热门的西方经济学去的,因为大家都认为,学了纯粹理论的思想史的话,找到工作可能就是个难题。

成绩出来,我考了第二名,而西方经济学专业只要一人。先生面试时告诉我,你的选择是要么学习外国经济思想史,要么放弃回家。我说那我就选择思想史吧。先生接着又问:你喜欢思想史吗?我当时对思想史的了解仅限于鲁友章的《经济学说史》(上册 1965 年出版,1979 年修订再版;下册 1983 年出版)。这本书来自父亲的藏书,里面充斥了很多当时政治环境下必须要说的一些话。对于那个角度和那些话,我内心是有些排斥的,所以让我说我喜欢学说史是挺违心的一件事。不过为了上学,我回答老师说我喜欢思想史。

先生听到我的回答竟然立即发火了："喜欢就是喜欢,不喜欢就是不喜欢。一听你就是说假话。"先生的直率令我惶恐和惭愧。我只得实话实说:目前我是不喜欢,但是我愿意更多地去学习和了解,不能在不了解之前就下论断喜欢或不喜欢。根据先生的反应可以推断,先生也知道经济思想史并不是人人都爱的专业。尽管如此,先生最终还是收了我做思想史专业最后一名弟子。自此该专业关门,先生只招收西经的学生了。

刚上学的时候,心里特别纠结。学习之初,外国思想史专业和西方经济学专业的必修课完全相同;只有到了二年级之后,在自己的研究方向上才会有区别。所以,我也就勉为其难地把自己当西方经济学专业的学生对待了,而先生对我们的要求也基本按照西经的要求来的。

真正喜欢上思想史,是从听方福前老师讲流派开始的。方老师博学多才、涉猎广泛,是个真正的读书人。仅仅从他的谈吐中,就可以感受到他无比深厚的积淀。方老师的讲课涉及西方经济学前沿非常多,那需要不断地跟踪和研究才能实现上课的挥洒自如。方老师上课时喜欢从讲台这边走到那边,说话的声音不急不缓,却句句入心,一言一行之间诠释着学者的涵养。

因方老师的课程,特别是方老师本人的学者魅力,我喜欢上了思想史。我喜欢在浩瀚的经济学思想海洋中遨游,喜欢抽丝剥茧一般寻找某个观点发展的脉络,喜欢在漫天的文字中看到经济学家的八卦,也喜欢在无数的理论传承和争论中找寻恩怨情仇,从中颇能获得一种福尔摩斯破案般的快感。我喜欢把思想史看成是故事,每一个观点后面都是一段人生的起起落落。

然而,很快我就发现,思想史其实是件非常小众的事情。当你兴奋地从故纸堆中找寻到某个秘密时,却遗憾地发现,你找不到人分享。身边几乎没有人知道你在说什么,你在兴奋什么,他们甚至有时根本不知道你说的经济学家的名字,或者你说的那个流派对他们来说陌生得犹如火星上的一块石头。没有知己,没有同伴,只有自己在故纸堆中嬉笑怒骂,这就是一个喜爱经济学说史的人的快乐和悲哀吧。

这种小众的感受在教学中也得到体现。教材中充斥着乏味的理论和评价,学生普遍认为经济学说史和经济学流派就是一门需要大量背诵的枯燥课程。甚至一学期上下来,学生对经济思想史的理解是支离破碎的,都搞不清楚斯密写作《国富论》的缘由为何,《国富论》是否就是斯密个人原创的思想,他的思想到底受到哪些人和哪些经济事件的影响,在后人的传承中人们继承了什么又抛弃了什么。如果以《国富论》作为经济学大树之根,这 200 来年中,哪些枝枝叶叶在繁茂伸展,而哪些枝枝叶叶却逐渐凋零?繁茂或凋零的经济社会背景又是什么?到底哪些人决定着这些发展?这些人之间到底有什么关系?谁的思想是如何影响了另一位的思想?这些问题是需要经济思想史回答的,所谓知来处方知去处。

恰逢此时,张正平教授推荐给我赖建诚老师的《经济思想史的趣味》。这本书带给我很大的启发,告诉我思想史也有另一种表达方式。赖老师以风趣幽默的笔触解说经济思想史上的功败垂成和理论演变,语言风格真诚洒脱,严谨中透着不羁,令人忍俊不禁中饱餐精神食粮。读罢此书意犹未尽,立即推荐给好友小郑哥和宋彪同学。他们二位听闻此书,即刻买来彻夜捧读,相见恨晚之下强烈推荐给身边的同学们。由此可见以趣味文笔讲述严肃知识的必要性。

赖老师的书偏重理论知识的介绍,而我则开设微信公众号"经济学江湖事"撰写与课堂理论知识相关的经济学家生平和思想脉络关系,试图以一种生动活泼的形式引发学生学习经济思想史和经济学流派的兴趣。经过一年的教学实践证明,这种尝试对课堂教学具有积极作用:同学们非常乐于读这些文章,愿意根据这些文章中的线索去了解和研读经济学的经典著作,甚至有些大一本科生也在这些文章引导下通读了部分学说史经典著作。

有学生兴奋地告诉我:原本以为经济学流派是一门特别枯燥的课程,却不曾想随着学习的深入,越来越喜欢这门课,教材和这些辅助文章相得益彰,趣味性和知识性完美结合,这门课竟然越来越有趣。还有学生因为这门课而产生了做经济思想史研究的想法。

这些教学辅助文章将课本中刻板、僵硬的人和理论生动地交织起来。每一位经济学家不再是砂砾一样的安静和孤立的存在,不再是课堂上的生卒年月和个人理论介绍,而是在历史长河中顺流激荡或逆流而上的勇者,是在经济学殿堂中跨越时空彼此握手或激烈争论的动态鲜活的存在。只有这种跨越时空的交织才能体现经济学思想的传承和演变。

本书是公众号文章的结集。每篇文章的写作，是基于事实的故事化表达，但文中所有细节都有出处，资料来源列在书末参考文献中。

在成书过程中，很多师友给予我帮助和支持。赖建诚教授自告奋勇为本书撰写推荐序，奖掖后进之心令人感动；我校经济学院张伟副教授多次鼓励我将公众号文章结集出版，"北京工商大学本科教学校内专项：本科生培养——一流本科教学与一流专业建设项目"为本书提供资助，若非如此绝无此书的问世；我校经济学院王依婷、李彤彤两位同学也为该书翻译整理了部分文献；格致出版社编辑王萌主动邀约出版此书，前前后后付出了很多辛苦的工作。在此向他们一并表示由衷的感谢。

我还要感谢200多年来经济学说史领域中著书立说的所有中外学者，以及翻译国外经典著作的所有译者，正是研读他们的著作，才使得我能够今天坐在这里写这篇自白。

鉴于笔者才疏学浅，挂一漏万之处俯拾皆是，敬请您不吝指教。

徐秋慧

北京工商大学经济学院

zhongze_lx@163.com

2018 年 9 月

目　录

▎序篇　经济学从何而来

如果一环一环分解下去，经济学说史上那么多的星星，最终在黑暗夜空中彼此连接，成为星空中看不到的一张网，学术和友情互相交织、难分彼此。

经济学说史上的六次革命有的是整容术，比如新自由主义革命、理性预期革命，而有的完全是换头术，比如边际革命和凯恩斯革命。

▋第一篇　经济理论的先驱们

《蜜蜂的寓言》是个横看成岭侧成峰的故事,需求管理者看到消费促进繁荣和就业的重要性,而自由主义者看到个体自由决策带来繁荣兴旺的重要性。

有些学者却指责斯密是欺世盗名的剽窃犯,指责斯密在英国和法国的图书馆中,埋首书堆刻苦抄袭十多年,才精心撺掇出了字里行间都闪烁着前人不朽光辉的《国富论》。

作为一位 54 岁的单身汉,仍然在期待上帝能赐予他后代,这的确出人意料且令人遗憾。也许,斯密始终在期待爱情、婚姻、家庭和后代吧。

斯密和休谟在精神上形影不离,彼此支持,互相砥砺,成为启蒙时代最伟大的两位学者。他们也一起讨论哲学、经济、历史问题,也互相倾诉各自生活中的趣事和麻烦。

所谓知识精英吵起架来,架势和农夫别无二致,而其出言之卑劣、中伤之狠毒,完全超越了乡野农夫所能达到的高度。休谟和卢梭之间就发生过这样一场喷血自污的江湖恩怨。

▌第二篇　杰文斯和他重新发现的天才

有些经济学家似乎被上帝抛弃,他们在世时提出的原创思想,未能被同辈学人理解、接受和认可。他们终其一生,默默无闻。戈森就是这样的一位生不逢时的经济学家。

古诺首先提出了边际分析方法,但40年后才终于得到了边际效用学派的认可和接受,并被公认为经济学说史上第一位数理经济学家。

▍第三篇　凯恩斯和他的时代

▎第四篇　熊彼特和他的宿命

▌第六篇　经济学家的脸孔

▌终篇　经济学与中国

序篇

经济学从何而来

1

经济思想史上两个彪悍的朋友圈

在广阔的经济社会时代背景下，每位经济学大师都是活色生香、有血有肉、爱恨交织的活生生的人。他们相互交流，相互启发，相互影响。如果一环一环分解下去，经济学说史上那么多的星星，最终在黑暗夜空中彼此连接，成为星空中看不到的一张网，学术和友情互相交织、难分彼此。

经济学说史的两种讲法

在学习经济学的过程中,爱读书的你一定了解到,在经济学发展嬗变的 200 年间,有很多重要的节点和人物。如果仅仅根据枯燥乏味的教材去了解他们的地租理论、工资理论、利息理论、利润理论,真的又割裂又无聊。

赖建诚教授说过,经济史或经济学说史都是很好玩的东西。但是为什么很多人不喜欢看这方面的书,或者上学说史课就昏头大睡呢? 这就好像厨房里有很多美味食材,上等厨师可以做出一顿清香四溢的满汉全席,而劣等厨师可能就手忙脚乱一片狼藉,煞是辜负了食材奉献生命的好意。

比如,下面这样的图(图 1.1)是不是挺学术的? 如果在你没有彻底学习经济学说史之前,一脸懵是你能做出的所有表情。

作为一个经济学说史粉丝,对思想史你可以有两种解读方式。一种是:干巴巴地张老三提出了馒头理论,李老四提出了饺子理论,赵老六提出了面条理论,如此等等;张老三、李老四、赵老六们都在经济学说史的主席台上正襟危坐，面无表情地听着你们在讲他的光辉历史。还没等讲完，主席台上恐怕早已鼾声一片。

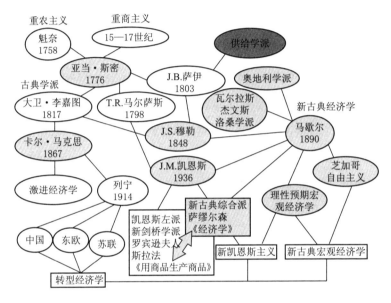

图1.1　传统的经济思想演化脉络图
资料来源：改自萨缪尔森《经济学》第17版。

另一种解读方式是：在广阔的经济社会时代背景下，将张老三、李老四、赵老六们都还原成活色生香、有血有肉、爱恨交织的活生生的人；没有无缘无故的恨，也没有无缘无故的爱，没有人生来就自己可以创造出理论，任何理论都是因缘和合的结果，那些因和缘在哪里，你像个侦探到书海中寻找蛛丝马迹。以这样的方式，你可能看到的就是另一张朋友圈图片。

第一个圈

图 1.2 展示的是,以穆勒父子为中心的那些总是出现在教材中的、最著名的古典经济学家们之间诚挚的朋友关系和纯粹的学术友情。其中,休谟和斯密之间异苔同岑的哲学友谊和龃龉不合的小插曲闻名遐迩;而休谟和卢梭之间的怪雨盲风则惊世骇俗;斯密与魁奈之间相见恨晚,《国富论》原本打算敬献给魁奈。如此等等,都将在本书后面介绍。因篇幅有限,我们略去学术传承演变关系。其中,老穆勒为历史学家和逻辑学家詹姆斯·穆勒(James Mill, 1773—1836),小穆勒是老穆勒的天才儿子,实现经济学第一次大综合的约翰·斯图尔特·穆勒(John Stuart Mill, 1806—1873),小穆勒也翻译为"密尔"。

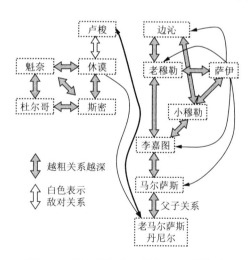

图 1.2 经济思想史上的第一大朋友圈

边沁和老穆勒、小穆勒

哲学家边沁（Jeremy Bentham，1748—1832）说："我是穆勒精神上的父亲，而穆勒是李嘉图精神上的父亲，所以李嘉图是我精神上的孙子。"边沁的功利主义思想深深影响了那个时代的所有经济学家，并通过经济学的血脉流传下来，至今不息。

边沁每年总是在萨里山区住上一段时间，而老穆勒和小穆勒则每年到边沁那里做客小住些许时日。1813 年，他们一起游历了牛津、巴斯、布里斯托尔、埃克赛特、普利茅斯和朴茨茅斯。那年冬天，穆勒父子搬进了边沁在威斯敏斯特王后广场租赁的房子里。1814 年到1817 年，边沁每年有半年时间住在萨默塞特郡的福特修道院，小穆勒不时就去那里拜会边沁。1820 年，小穆勒在法国旅居一年，就借住在边沁的哥哥塞缪尔·边沁爵士（Sir Samuel Bentham，1757—1831）家中。

老穆勒一直教导小穆勒运用边沁"最大幸福"的准则来观察事物，而小穆勒在研读边沁的著作中，也深刻体会到"边沁超出了以往所有的伦理学家，他的理论确实是思想上新时代的开始"。小穆勒深受边沁功利主义哲学影响，认为边沁的功利原则是将他"分散零碎的知识和信仰融合在一起的基本原理，使我对事物的概念统一起来"。在其大综合的《政治经济学概论》中阐释了这一思想，并被此后的主流经济学传承下来。

1825 年，小穆勒帮助边沁编辑出版专著《司法证据的基础理论》，这个工作占用了小穆勒一年多的业余时间。小穆勒的工作是将边沁前后三次写就的不同体裁和主题的文稿压缩为一部论著,其间还要把边沁那些"累赘而艰深"的语句转化通俗易懂的句子。考虑到书中尚有很多遗漏,边沁请小穆勒补充了大量文字,因此,小穆勒堪称合作者也不为过。著作出版之时,边沁积极主张小穆勒也作为作者将名字印刷在书册上。小穆勒最后推却不过,他的名字也印在了上面。

李嘉图和老穆勒、小穆勒

老穆勒早在青年时代就已经是著名的历史学家和逻辑学家,当时李嘉图(David Ricardo,1772—1823)尚未成名。1807年,崇拜老穆勒的李嘉图主动结交老穆勒成为好友,老穆勒充当了李嘉图的良师益友。在老穆勒的鼓励下,李嘉图在报纸上发表了第一篇文章。也是在老穆勒的劝说和鼓励下,李嘉图在1819年出版了著名的《政治经济学及赋税原理》。

小穆勒在自传中说:"如果不是我父亲恳切的请求和鼓励,恐怕这本书永远不会出版,或者永远不会写成。李嘉图是个极其谦逊的人,他虽然深信他的理论正确,却认为自己能力欠缺,无力把它们正确地表达出来,所以不敢想到公开发表。"可以说,没有老穆勒,就没有李嘉图。

李嘉图出版《政治经济学及赋税原理》之后,二者之间的师生关系转变,老穆勒将李嘉图视为导师,成为其信徒,并敦促小穆勒一起研读李嘉图的著作。1821年,老穆勒出版《政治经济学原理》,试图系统阐释和传播李嘉图的思想。

小穆勒在 11 岁开始学习政治经济学时,老穆勒就要求小穆勒先通读李嘉图,然后再读斯密,以便发现李嘉图的智慧和斯密的浅薄。李嘉图经常到穆勒家做客,也邀请小穆勒到自己家中一起散步和讨论问题,对小穆勒影响很大。

李嘉图和马尔萨斯

从理论角度来说,斯密(Adam Smith, 1723—1790)在英国有两大传人,富人李嘉图和穷人马尔萨斯(Thomas Robert Malthus, 1766—1834)。马尔萨斯出身于贵族之家,自小博览群书,毕业于剑桥大学,后成为一位生活清贫的职业学者;而李嘉图则出身于当时社会不齿的犹太移民之家,没上过几年学,自学成才从事证券投资,最终成为有史以来最富有的经济学家。

尽管这二位在财务上判若云泥,却成为一生的挚友。自 1811 年开始交往,到 1823 年李嘉图去世,两人的友谊持续 12 年之久。他们之间不仅是惺惺相惜的朋友,还是学术上的论敌。两者之间在学术观点上始终相左,但是他们之间深厚的友情从来和学术争论隔绝。对真理的热爱,超越了个人的狭隘感情。

每当马尔萨斯发表什么高论后,李嘉图必发表文章批判之。马尔萨斯常常与李嘉图并肩而坐,拿着李嘉图的批判说,你批的不够好,这里再深刻些,那里再尖锐些,于是李嘉图便回去继续深挖细掘。而李嘉图面对马尔萨斯的批判,也采取了同样的态度,这在今天简直是不可想象的。

马尔萨斯从来没有富裕过，而李嘉图却凭借过人的天资和勤奋，在伦敦股市中游刃有余，40 岁出头已然是巨贾之家。马尔萨斯唯一的一次薪金外收益，来自李嘉图的帮助。滑铁卢战役前，李嘉图力劝严守绅士谨慎精神的马尔萨斯投机一次，购买英国国债赌一把英国会赢。在滑铁卢战役尚未告捷时，胜利的曙光已经初现，这让马尔萨斯感觉自己赚了一笔。由于担心这笔钱可能因战争失败而损失，马尔萨斯不顾李嘉图苦劝，早早地将债券兑现。而坚持持有到滑铁卢战役胜利之时的李嘉图，因此而赚翻了天。

萨伊和老穆勒、小穆勒

一说起萨伊（Jean-Baptiste Say，1767—1832）来，学过经济思想史的读者恐怕立即会想到，萨伊正是马克思所批判的法国庸俗经济学创始人，也会想到他被凯恩斯在《就业、利息和货币通论》中深挖狠批的"供给创造需求"的观点，还可能会想到 20 世纪 80 年代美国供给学派拜萨伊为鼻祖的盛况。抛开不同个体对萨伊的评价，作为一名自由主义学者，萨伊在经济学说史上的地位堪称法国的斯密。

萨伊曾经为拿破仑政府财政委员会工作，其最著名的著作是 1803 年出版的《政治经济学概论》。在该书出版之前，拿破仑要求他修改其中反对拿破仑政府关税保护政策的章节，但萨伊坚持自由主义精神而拒绝修改。结果，此书出版之日即为萨伊解甲归田之时。然而，正是萨伊的不屈从才带来斯密自由市场理论在欧洲大陆的传播。

小穆勒敬萨伊是条汉子,在其自传中评价萨伊说:"他是法兰西共和党人中最优秀的典范,是不受拿破仑笼络、不向他屈膝的人物之一,是一位确实正直、勇敢的有识之士。他过着恬静勤学的生活,因受到公众和朋友们热烈敬爱而感到欣慰。"

1815 年,拿破仑政府倒台,波旁王朝复辟,萨伊再度出山任职,并前往英国考察工业。其间萨伊结识了李嘉图、老穆勒、马尔萨斯、边沁等人,遂成学术上的终身莫逆之交。作为老穆勒的儿子,小穆勒继续了这段友谊。小穆勒曾经两次在萨伊家中小住,在这里见到了许多自由主义政党的领袖人物和包括圣西门在内的著名人士,并受到了欧洲自由主义思想的影响。这些思想和当时英国的思想有很大不同,对小穆勒的思想转变具有重要作用。

休谟、卢梭和老马尔萨斯

马尔萨斯的父亲老马尔萨斯叫"丹尼尔"。承蒙祖上的财产,丹尼尔生活非常富足,在女王学院接受教育和四方游历之后,他定居在邻里和睦的卢克里,成为一名和善仁慈的乡绅。丹尼尔和卢梭(Jean-Jacques Rousseau,1712—1778)、休谟(David Hume,1711—1776)都是好友,且是卢梭疯狂的崇拜者。

卢梭避难到英国时,很多富足人士都为卢梭准备过住所。丹尼尔就为卢梭准备了一处寓所,但卢梭并没有选择入住。本书后面将介绍,卢梭和休谟之间有一场学界闻名的疯狂大战,直接导致了卢梭精神崩溃。如果当时卢梭不是选择住进了达文波特的伍顿庄园,而是住在丹尼尔那里的话,也许历史又是另外的模样。

1766 年 2 月 13 日,马尔萨斯出生。同年 3 月 9 日,卢梭和休谟就来到卢克里视察丹尼尔准备的避难所,这两位先贤亲吻并祝福了只有三周大的小马尔萨斯。3 个月后,丹尼尔又去伍顿庄园拜访了卢梭,此时休谟和卢梭之间已经开战。丹尼尔和卢梭情意相投彼此顾念。他们在林间散步,共同讨论植物学问题和人类的美好未来。喜欢处理书籍的卢梭曾将很多书籍卖给了丹尼尔,还把自己收藏的植物标本作为礼物送给丹尼尔。至今这些东西保存在马尔萨斯位于艾尔伯里的多尔顿小庄园的藏书室中。

上述朋友圈属于"你若盛开,蝴蝶自来"的类型,也是人类世界中最普遍的类型。这类朋友圈的前提是"你若盛开"。试想老穆勒若不是盛开如黑牡丹,怎么会吸引李嘉图前来拜服?若不是边沁功利主义哲学思想折服众生,怎么成就几百年不腐之身[边沁尸身经防腐处理之后,至今仍以"自我之像"(Auto-Icon)之名安坐在伦敦大学学院的陈列室中,并继续"旁听"学校的高层会议]?若不是萨伊对斯密思想的准确解读,怎会在访英期间与各位学术大神成莫逆之交?

第二个圈

19 世纪中后期,欧洲大陆学者颠覆古典经济学的价值理论,提出了边际效用决定价值的理论。其中最重要的三个人物被称为"边际三杰",他们是英国的杰文斯(William Stanley Jevons,1835—1882)、法国的瓦尔拉斯（Léon Walras，1834—1910）和奥地利的门格尔（Care Menger，1840—1921）。他们各自几乎同时分别提出了边际分析理论，从而掀起了一场边际革命。

其中的门格尔是奥地利人。门格尔提出的理论支持自由主义，而当时是社会主义理论盛行欧洲的时代，门格尔先后受到了德国社会主义学者施莫勒和维也纳大学施耐因的抵制和批判，导致门格尔申请维也纳大学教授的过程非常不顺利。

门格尔经过两次申请才获得了维也纳大学副教授的职位，并在系里组织了自己的小圈子，一起对抗施耐因。事情的转机出现在1876年，门格尔成为奥匈帝国王储鲁道夫的私人教师，这层身份提高了门格尔的政治和理论筹码。

鲁道夫将门格尔擢升为维也纳大学正教授，这是帝国能为经济学家提供的最高荣誉。借此，门格尔不仅平息了针对他的争斗，而且顺利把他的门徒安插在了政治经济学各个教授职位上，这就包括庞巴维克（Eugen Böhm von Bawerk，1851—1914）和维塞尔（Friedrich von Wieser，1851—1926）。

庞巴维克是维塞尔从中学时代以来的好友，之后他们一起学习，一起研究，一起成为门格尔的门徒。他们二人还先后担任了财政部部长一职。庞巴维克不到30岁就获得了经济学教授一职，当时因斯布鲁克大学政治经济学教授职位出现空缺，手握重权的门格尔立即抓住机会利用自己的影响力将庞巴维克安排进去。庞巴维克卸任财政部长后，成为维也纳大学政治经济学教授。维塞尔则是在门格尔退休时,接任了门格尔的经济学教授职位。

从学术师承关系上来说,三人之间亲密无间;而在私人关系上,三人似乎更加割舍不断。维塞尔娶了门格尔的女儿,庞巴维克则娶了维塞尔的妹妹,这种师生、同学、翁婿加连襟的关系加上门格尔手中的权杖和二位后辈不辱师门的学术贡献,是这个另类朋友圈相倚为强,把持奥地利学派掌门地位的最好诠释(见图1.3)。

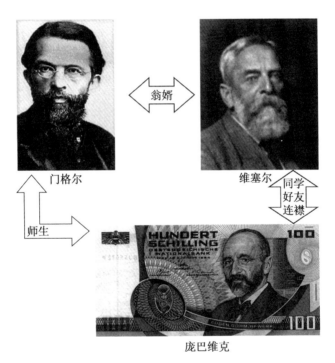

图 1.3　奥地利的一个学术朋友圈

再往后数家珍的话,本书后面说到的熊彼特(Joseph Schumpeter,

1883—1950）就是维塞尔的学生，后在庞巴维克和维塞尔的支持下获得经济学教授职位。维塞尔的学生中还有一位是米塞斯（Ludwig von Mises，1881—1973），而米塞斯有一位学生是哈耶克，而哈耶克就是后来和凯恩斯对战的那位命运坎坷的自由主义斗士。熊彼特年轻求学时曾到剑桥大学和马歇尔（Alfred Marshall，1842—1924）交流，而凯恩斯的父亲是马歇尔的同事，凯恩斯也是在马歇尔斡旋下获得剑桥大学教职的。

　　如果一环一环分解下去，经济学说史上那么多的星星，最终在黑暗夜空中彼此连接，成为星空中一张看不见的网，学术和友情互相交织，难分彼此。这个网，就是他们的学术圈+朋友圈。

　　想成为其中的一颗星星吗？请努力盛开吧。

2

经济学史上的六次革命

经济学说史上的六次革命有的是整容术,比如新自由主义革命、理性预期革命,而有的完全是换头术,比如边际革命和凯恩斯革命。整个经济理论在发展嬗变过程中,换头和整容无时无刻不在发生,加之西方相对包容的理论环境,造就今天百花齐放、百家争鸣的盛景。

本章最初是为学习经济学说史的本科学生介绍六次革命而作。经济学说史上的每一次革命涉及的人物众多、理论纷呈,用一篇文章介绍全部内容的确有点蚍蜉撼大树,故本章实为抛砖引玉,借着这一点点火柴的光亮,帮助你找到燎原的圣地火把。

　　"革"原本指一张挂起来晾晒的兽皮,而且是去除了兽毛之后的兽皮。这看起来和不去除兽毛的时候区别挺大,和曾经活着欢蹦乱跳的兽更是天壤之别。所以,就个人的理解,"革命"不过就是两个意思:一个意思是生龙活虎的野兽变成了一张院子里晾晒的兽皮,命没了;另一种意思是兽皮去除兽毛前后看起来不同的变化,可能变得更符合审美或者实用性更强了。

　　革命用到经济学说历史上来,也就引申为两个意思:一是"革"了原有经济理论的"命",所谓改头换面,也就是来个换头术之类的,你已经不是你了;二是在原有理论的基础上发生比较大的变化,所谓旧貌换新颜,也就是整个容,你还是你。

　　按照这两种意思,经济学说史上的六次革命有的是整容术,比如新自由主义革命、理性预期革命,而有的完全是换头术,比如边际革命和凯恩斯革命。整个经济理论在发展嬗变过程中,换头和整容无时无刻不在发生,加之西方相对包容的理论环境,造就今天百花齐放、百家争鸣的盛景。

第一次革命:斯密建立古典经济学框架体系

斯密引发的革命是一场创世纪,也就是把散落人间的所有零部件按照全知、全能、全在的神的形象组装起来。按照熊彼特的说法,斯密融会贯通前人绝大部分精华思想和理论,连抄带写地完成了《国富论》,从此建立了古典政治经济学的理论框架和基本分析方法。

在斯密引领的古典经济学的分析框架中,有价值论、分配论、阶级分析,持有历史观点等,被马克思认为是在分析资本主义本质面的问题,特别不庸俗。然而,随着后人对斯密理论的发展,价值论、阶级分析、历史观点等都在现代经济学中消失。按照熊彼特在《经济分析史》中的说法,现代经济学恐怕只对《国富论》的第一篇第七章感兴趣,其内容恰恰就是市场供求通过价格相互作用的机制,此外还有在书中不同章节中出现的"经济人假设"和"看不见的手"。

"经济人假设"和"看不见的手"得益于萨缪尔森在其1948年出版的《经济学》中的宣扬而被后人一再强调。斯密被现代经济学膜拜的这两点摘抄如下:

(1)第一篇第二章中,斯密认为分工和交换是人的天性,这种天性被现代经济学称为"经济人假设",斯密写道:"人几乎总是需要他的同胞的帮助,单凭人们的善意,他是无法得到这种帮助的。如果他能诉诸他们的自利心,向他们表明,他要求他们所做的事情对他们自己有好处,那他就更有可能如愿以偿……我们期望的晚餐并非来自屠夫、酿酒师和面包师的恩惠,而是来自他们对自身利益的关切。我们不是向他们乞求仁慈,而是诉诸他们的自利。"(唐日松翻译版本第13—14页)

(2)"看不见的手"这个词在《国富论》中仅在批判重商主义的第四篇中出现过一次,斯密反对政府对贸易的过分干预,他说:"有一只无形的手在引导他尽力去达到一个他并不想要达到的目的。而并非出于本意的目的也不一定就对社会有害。他追求自己的利益,往往使他能比在真正出于本意的情况下更有效地促进社会的利益。"(唐日松翻译版本,第327页)。斯密原本是想表达的是,政府不予干预时,商人们会通过自己的自由选择实现对全社会有益的结果。后来,这个词经过第1948年萨缪尔森《经济学》教材的普及而被简称为"看不见的手",意指《国富论》第一篇第七章中"市场价格"通过短期供求围绕"自然价格"波动的机制(唐日松翻译版本第43—39页)。现在普遍认为价格机制就是"看不见的手"。

第二次革命:边际革命

边际革命绝对是"换头术","革"了古典经济学大部分的"命",只留下了自由主义的魂,从此经济学的天地中鲜有人继续讨论劳动决定价值、剩余价值分配给资本家还是工人的问题,也鲜有人继续持有历史观点。持有历史观点的人会认为,这个世界天天在变化,没有什么亘古不变的真理。

现如今的主流经济学都是些普世的观点,认为:这些经济学理论不仅适用于资本主义国家,也适用于有中国特色社会主义国家,不仅适用于100年前的社会,也适用于今天的社会,甚至适用于未来的社会;这些自由市场经济的理论是上帝赐予的真理,自人类诞生之日就存在,与日月同光、与天地同寿。

在马克思的视角中,现代经济学研究的根本不是本质面的问题,都是表面的问题,就好像你看女孩子,只看到她面若桃花或蓬头历齿,根本不去看她骨子里是虚伪狡诈抑或真诚善良,这就显得特庸俗,所以现代经济学被马克思成为庸俗经济学。

那么现代经济学如何变得那么庸俗的呢?其实从萨伊开始就已经走向庸俗了,但是边际革命就是关键的转折点。

以前古典经济学认为经济社会中有工人阶级、资产阶级和地主阶级,他们要瓜分工人生产出的剩余价值,所以才有了三者之间的矛盾关系。但是到边际革命开始,现代社会中只有劳动、资本、土地、企业家才能四种平等的生产要素,他们共同瓜分他们共同生产的产品,瓜分原则是各自的边际生产力,而边际生产力取决于当前技术下的要素供给数量,和什么阶级、生产关系一点关系都没有。

边际革命看到的是:从消费者的需求方来看,商品的价格取决于以心理感受为基础的边际效用,也就是消费者认为增加最后一单位消费带来的满意度的增加值,这完全取决于个体消费对最大化效用的追求,和社会制度啥的好像都没有任何关系;企业生产的产品的供给价格取决于边际成本,这也取决于生产者对最大化利润的追求,和社会制度啥的好像也没有什么关系;劳动者的工资取决于劳动者的边际生产力,和社会制度啥的好像也没有什么关系。好像一切都和社会制度没有任何关系,那在理论上也就和政府没有什么关系。

这样的考量根本不涉及作为整体的社会,那在理论上也就没有政府什么事了,除了保证国家安全、私人产权和契约执行之外,好好歇着吧。所以宏观视角彻底消失,经济学转向个体分析的道路,也逐步转化为我们今天学习的微观经济学。

边际革命促成了马歇尔为首的新古典经济学的发展,资本主义从此在自由主义的道路上高歌猛进,创造着一个又一个人间奇迹。直到有一天,在自由放任大道上行驶的列车突然一头栽进了深渊……

第三次革命:凯恩斯革命

凯恩斯(John Maynard Keynes,1883—1946)1936年出版《就业、利息和货币通论》,给经济理论换了个政府干预的脑袋,把新古典经济学奉若神明的自由放任彻底扔进了历史的垃圾箱,这绝对是天翻地覆的"换头术"。

1929年,那是一个秋天,有一辆自由主义列车在美国栽入了深渊。资本主义世界遇到了前所未有的大萧条。而古典经济学的理论认为根本不可能出现大萧条，认为经济体永远在自由竞争下处于供求均衡的完美状态，为何突然出现了无法解释的萧条呢？古典经济学家一筹莫展，只好和胡佛总统一样，大喊"繁荣就在拐角处，千万不要失去信心"，耐心等待阵痛之后的新生。

可是，繁荣万一还没有拐过来就遇刺身亡，那你还在等着繁荣出来，根本就是缘木求鱼。凯恩斯说政府你不能不管，不能看着老百姓失业而袖手旁观，你得想办法跑到拐角处主动把繁荣拖出来，决不能安静地等着可能已经在半道上"死翘翘"的繁荣。

凯恩斯的这种说法就是政府干预经济的做法，利用政府财政和货币政策主动帮助经济在短期内走向繁荣，而不是毫无作为地等待。凯恩斯一出手就直接"革"掉了古典经济学的"命"，放弃自由放任，走向政府干预，成了欧美世界的主流。

凯恩斯祭出的大招中包括：抛弃微观个体视角，转向宏观整体视角；抛弃个体最优化分析，转向经济总量分析；抛弃经济总是均衡稳定的意淫，转向经济总是失衡的现实；抛弃价格和工资总是随着供求变化而变化，转向价格和工资表现刚性的现实；抛弃货币数量论，转向货币的生产理论；抛弃自由放任，转向政府进行总需求管理的政策建议等。

这是一次力挽狂澜的拯救，让原本可能遍布整个资本主义世界的马克思主义顿时消失了行迹，让曾经岌岌可危的资本主义再次走向了繁荣富强，让直到今天的很多世界人民，仍然向往投入资本主义美国的怀抱。所以,凯恩斯被称为"资本主义的救世主"。

宏观经济学的开端始于凯恩斯革命,也就是 1936 年出版的《通论》,有关这一切神迹一样的创造,凯恩斯不能贪天之功,卡恩、罗宾逊夫人等很多学者功不可没,请看本书后面第三篇的人物故事吧。

第四次革命:新自由主义革命(凯恩斯反革命)

这次革命的主角是个颇有争议的人物,有人将他奉若神明,有人弃之如敝屣,有人说他心系百姓,有人说他虚伪狡诈。这个人就是身高只有 160 厘米,但"人小站得高"的美籍犹太人弗里德曼(Milton Friedman,1912—2006)。

20 世纪 70 年代,弗里德曼的革命"革"了凯恩斯主义的"命",从此换了人间。时势造英雄,这话一点不假。大萧条造就了"凯恩斯大帝",而造就弗里德曼的则是凯恩斯干预政策带来繁荣 30 年之后的滞胀,也就是通货膨胀和失业同时居高不下的情况。这在凯恩斯主义者那里完全解释不通。

美国继承凯恩斯的是新古典综合派,他们的工作是将马歇尔新古典经济学化身为微观经济学,将凯恩斯《通论》及其继承者的研究化身为宏观经济学。在这一套理论中,有一条菲利普斯曲线,这是新古典综合派的看家法宝。根据菲利普斯曲线,通胀和失业不会同时并存高企,必然是一高一低,就好像天平的两端一样,政府可以通过扩张和紧缩政策来帮助天平平衡。这就给政府伸出手来干预经济提供了政策基石。

但是,滞胀是两头翘,天平两端同时指向蓝天。西方国家政府对此六神无主,新古典综合派也慌了手脚。为什么现实总是那么任性,根本不按照理论套路出牌呢?就在新古典综合派阵脚大乱的时候,弗里德曼为首的货币主义携手哈耶克杀了出来,提出了新自由主义的观点,着力砍断伸向天平的政府之手,让经济再次走向放松管制的自由主义。

弗里德曼留下来的经济理论不多,除了认为货币最重要,主张实施单一规则的货币政策,货币长期不会影响产出,以及附加预期的菲利普斯曲线等,几乎没有什么。但是他留下的精神遗产被市场原教旨主义者放上了神龛。在美国 20 世纪 70 年代的滞胀危机中,里根总统接受了放松管制的政策建议,美国经济也真的就从滞胀走向了一个新的繁荣富强。但是这个繁荣富强是否是因为放松管制而来,却众说纷纭。具体原因请看本书第 25 章"弗里德曼+哈耶克:把凯恩斯埋在这春天里"。

第五次革命:斯拉法革命

这一次革命可谓虎头蛇尾,本试图占领主流经济学阵地,但命运多舛,竟然走到了经济学最边缘的地带,从此销声匿迹,真是可叹可悲。掀起这场革命的是意大利裔英国剑桥大学教授斯拉法(Piero Sraffa,1898—1983)。

对于很多经济类专业的毕业生来说，"斯拉法"仍旧是个陌生的名字。多数经济类课程并不会提及这位集勇敢和焦虑于一体的，掀起经济学第五次革命的著名经济学教授，这可能是源于其理论远离主流经济学框架，很难在课程体系中反映出来。所以，这里我就多说几句。

斯拉法最令人敬仰的，莫过于他敢于对抗墨索里尼的正义勇士行为。斯拉法是意大利人，个子很高，是个生硬执拗的人，而且他很会辩论。"辩论者中的战斗机"罗宾逊夫人在辩论场上无往不利，却唯独害怕斯拉法逻辑严明、无情僵硬的争论。

1921—1922年间，23岁的斯拉法在伦敦经济学院做研究课题，在这里认识了凯恩斯，也为未来的人生轨迹开启了大门。1926年，斯拉法成为意大利卡利亚里大学经济学教授，同意大利共产党领导人安东尼奥·葛兰西交好，并公开同情社会主义。这使得他在法西斯统治的意大利处境困难。尽管如此，勇者斯拉法从来没有向法西斯低下过高傲的头。

1928年，斯拉法在凯恩斯的委托下，撰写了一篇关于"欧洲重建"的文章，其中把意大利三大国有银行骂得狗血喷头，这激起了正在动用国家资金拯救这些银行的墨索里尼的愤恨。墨索里尼指责斯拉法是拿外国人钱的间谍，所作所为根本就是叛国。话说拿着英国人的资助写文章批判自己国家，这种行为也真的很难评价。

墨索里尼写信威胁斯拉法的父亲，要求斯拉法收回文章并公开道歉。然而，斯拉法拒绝了。意大利的银行准备联合起诉斯拉法。

在此危难之际,凯恩斯出手相救,在剑桥大学为斯拉法提供讲师职位。斯拉法在离开意大利时,因为被通告为危险分子而被海关扣留,并被遣送法国北部的加莱。但最终凯恩斯动用自己的社会关系,将斯拉法接到剑桥大学,他从此摆脱危险,成为了英国国民。

斯拉法来到剑桥之后,成为凯恩斯最好的朋友。当时,凯恩斯已经和男友斯普洛特同居,并每个周末和斯普洛特出去骑马游玩。斯拉法的到来改变了凯恩斯的周末安排,他们两个总是在周末一起逛旧书店或购物,将斯普洛特放在了一边,可见两位在思想上多么投契。凯恩斯对斯拉法从来没有动过爱恋之心,绝对志同道合的纯洁学术友情。

斯拉法敢于面对墨索里尼的追捕,却对上课感到极端恐惧。他为逃避上课而采用的手段无所不用其极。1929 年 12 月 16 日,凯恩斯给太太莉迪亚写信说:"他本来应该明天上课。他在餐厅用餐时坐在我的旁边,情绪激动地和我聊天,然后我们准备一起到教员公共休息室。在起身时,他把晚餐全部打翻在地,并突然倒地晕厥,几乎失去脉搏⋯⋯所以明天就不用去上课了! 我不得不再次通知学生取消明天的课程。"课程取消之后,斯拉法马上就会恢复正常。斯拉法对上课所表现出的极端恐惧,逼得凯恩斯不得不安排他离开课堂,出任英国皇家经济学会准备出版的《李嘉图全集》的主编。

斯拉法此后披挂上阵,出战和凯恩斯大战的哈耶克,并与罗宾逊夫人并肩作战,直到哈耶克败北而去。1960 年,斯拉法出版了一本 87 页的小册子《用商品生产商品》,书中无视新古典经济学的发展,试图恢复劳动价值论为核心的古典体系。此书出版后,罗宾逊夫人统领的新剑桥学派据此重新解读凯恩斯经济学,掀起了关于资本理论的大辩论,继而引发"两个剑桥之争"。学界将这本书的出版定义为经济学的第五次革命。

这本小册子,斯拉法写于大萧条临近的 1928 年,但是一直拖到 1960 年才出版,原因是斯拉法对于公开发表文章和公开讲演一样厌恶和恐惧。他说:"我坦白地说,每次我在阅读我写的东西时,都有一种极度的厌恶感,所以不可遏制地想去毁掉它。"如果这本书能在大萧条期间出版,能在凯恩斯《通论》之前出版,能在社会主义运动如火如荼的时候出版,整个世界可能是另一个样子吧?

翻云覆雨手再次让世界选择了新古典的道路,这难道不是偶然中的必然吗?

第六次革命:理性预期革命

理性预期革命基本算是"整容术"。在凯恩斯那里,预期和不确定性已经是《通论》中很重要的问题。但是美国继承凯恩斯的新古典综合派却不顾斯拉法和罗宾逊夫人的强烈批评,完全无视预期和不确定性等因素,搞出来的 IS-LM 模型仍然走的是毫不体现个体预期的静态均衡的套路。这就为后人来发展完善提供了基础。

时间走到了 20 世纪 70 年代末期,弗里德曼掀起的新自由主义浪潮如火如荼。在自由主义列车上的卢卡斯(Robert Emerson Lucas

Jr)和萨金特(Thomas J.Sargent)等人看到了经济学存在的这个大弊端,就是微观部分讲个体理性选择,而宏观部分却看不到个体的存在。很多学者想弥补解决这一矛盾,着力构建微观和宏观之间的桥梁,让所有宏观模型建立在微观个体理性决策的基础上。

在这群人中,有一位叫费尔普斯(Edmund Phelps,2006年诺贝尔经济学奖获得者),他利用"岛屿模型"提出了附加预期的菲利普斯曲线。卢卡斯发现了费尔普斯这个岛屿模型的价值,通过加入个体理性预期假设修改这个模型,得到了菲利普斯曲线根本不存在的结论,进而又得到了垂直的宏观总供给曲线,也就是产出无论如何都会永远保持不变,由此得到任何宏观干预政策都不能降低失业率,唯一的结果是造成通货膨胀的结论。

卢卡斯和萨金特携手研究,发现政策只有在老百姓完全预测不到的情况下才有作用。可是老百姓不是傻子啊,所谓"你无法在所有时间骗过所有人"(林肯名言)。理性预期的老百姓总是会准确预测到政府那只悄悄伸出的手想干什么,并根据预测做出自己的反应,而这种反应恰恰可以抵消政府所有的动作。

故此,卢卡斯、萨金特二位同时高呼政策无效论,他们比弗里德曼还极端,直接回归古典经济学的二分法(古典经济学认为货币发行数量的多少完全不会影响产出和就业,仅仅影响价格,货币和生产两个部门之间完全分割;而干预主义者认为货币数量变化会影响利率进而影响投资、产出和就业,两个部门之间是有联系的。),呼吁砍掉政府到处乱伸的手。自由主义的呼声应和着弗里德曼的号召始终回响在资本主义的天空。

理性预期改变了过去经济模型的构架,理性预期学派转化为现在的新古典宏观经济学。而曾经被弗里德曼打倒的凯恩斯主义,也在 20 世纪 80 年代后复活。新生的凯恩斯主义接受了理性预期假说,并在黏性等假设基础上发展出来了新的政府干预说,认为老百姓即便有理性预期,政府的政策仍然有助于对治经济问题。

自由主义和干预主义之争在重商主义时期就已经生根发芽,欧洲启蒙时代的代表斯密、休谟等都倡导自由市场经济。经济学的革命由此开端,生生不息。生死轮回中各自角力,带来一场又一场革命,至今未决。

后　记

根据《说文》,"革"的古文字体是"䩏",字的形体结构是"三、十、年",意指三十年一世,一世则世道更始,改朝换代。细算下来,经济学革命第一场到第二场是 100 年,第二场到第三场是 60 年,第三场到第四场是 30 年,第四场到第六场几乎同时。第五场是另类,在此不在主流经济学中排序。这样看来,经济学理论革命在过去 200 多年中速度越来越快,直到 20 世纪 80 年代。

此后,经济学虽然也有各种演进,大帝级别的经济学家在这几十年中尚未出现,即使获得诺奖的那些神人,获奖理由基本都是六次革命之前的理论。来自六次革命之后的,就是 2017 年获奖的塞勒

（Richard Thaler），他的行为经济学开始于 20 世纪 80 年代中期，直到今天也尚未形成气候。即使他获得了诺奖，也无法让行为经济学立即成为显学。如果历史选择了塞勒，也许几年之后，行为经济学可以被定位是一场革命，但目前无法得到这个结论。

3

经济学为何分微观
经济学和宏观经济学?

　　萨缪尔森的教材其实是个合成品。上册讲自由主义的新古典经济学,讨论市场机制下的资源配置问题,涉及消费者个体和生产者个体决策,取名"微观经济学";下册讲政府干预的凯恩斯经济学,讨论国民收入的决定,涉及经济总量的决定,取名"宏观经济学"。两部分带着不同的基因,宣扬着互相矛盾的经济理论。

本章写作初衷也是回答朋友的提问:经济学为什么分微观经济学和宏观经济学？两个经济学之间到底有什么关系？我们说经济学说的到底是微观经济学,还是宏观经济学？

　　这个问题真是说起来话长,和第2章谈到的经济学的几次革命有关,不如就长话短说,看看下面这个经济思想史的简图吧(图3.1)。

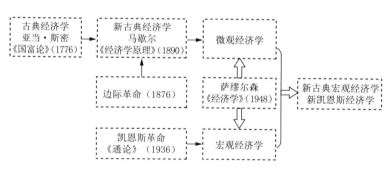

图 3.1　超浓缩版经济思想史

　　经济学的问题由来已久。毕竟要活着就要吃饭穿衣,这就避免不了财富从哪里来和财富如何分配等问题,古往今来很多有思想的人都思考过这些问题。尽管他们提出了很多有见解的想法,但是一直都还没有升华到"集大成者"的身份。

岁月就在原始采集、农耕劳作、手工业萌芽、贸易往来、资产阶级发展中慢慢流逝。随着人类社会实践的演变和知识的积累,终于有一天,有一位叫"亚当·斯密"的伦理学教授首先成为"集大成者"。据说他几乎集成了前人全部的思考,并经过各种参考、借鉴和创作,完成了《国民财富的性质和原因的研究》(简称《国富论》)。在这本书中,斯密为后人奠定了经济学理论的基本框架,高歌自由市场价格机制("看不见的手")的神奇力量,呼吁政府要做"守夜人""看门狗",只要保证国家安全、私人产权和契约执行即可,其余的什么都不要管了。这叫做"自由放任"。

斯密之后100年的时间里,天才经济学家出现不少。他们在市场机制的阳光照耀下埋头精耕细作,但从没有跳出斯密给他们在地上画的圈圈。直到19世纪70年代,"边际三杰"驾着五彩祥云冲进英国古典经济学家的阵营,将独门炸弹扔进了经济学的阵地,炸死了古典经济学家们深信却一直糊涂的劳动价值论和分配理论,树起边际效用价值论的大旗,并把古典经济学轨道从总量经济研究扳到了个体行为研究的道路上来。这叫"边际革命"。

边际革命期间,一位伟大的剑桥经济学家再次成为"集大成者",他就是马歇尔。他综合了古典经济学家和边际革命的成果,站在巨人们的肩膀上。马歇尔再次创造了自己的攀岩工具,这包括需求函数、函数连续性、弹性、均衡分析等。通过数学化、形式化地表达过去那些仅仅用文字表达的深邃思想,马歇尔为经济学架上了飞翔的翅膀,穿过五湖四海,传播到所有能看懂英语的地方,包括中华大地。以边际革命为开端,以马歇尔1890年出版的《经济学原理》为马首,以其追随者为阵营,这叫作新古典经济学。

马歇尔有个学生兼同事叫内维尔·凯恩斯,内维尔有个儿子叫"约翰·梅纳德·凯恩斯"(本书后面将有很多文字介绍凯恩斯的光辉事迹,这里暂不赘述)。1929年的经济大萧条给世界来了当头一棒,全世界都在自由主义的火车上晕头转向,凯恩斯三下五除二、干净利索地撬了轨道,终结了自由主义火车的道路,将大家情愿不情愿地赶到了干预主义的火车上来。

自1936年《通论》出版到二战结束,凯恩斯干预主义堪称英语世界的"复兴号高铁",迅速碾压了全世界的各种自由主义。结果是,自由主义夹着尾巴逃跑了,世界人民大团结,掀起了干预主义建设高潮,建设高潮!

至此,经济学经历了"政治经济学"(political economy)和"经济学"(economics)两种叫法。经济学自诞生以来,人们都叫它"政治经济学原理"之类的名字,意指他们的经济学是研究全社会财富生产和分配等问题的,研究很多社会、伦理和经济之间的问题,很多本质面的问题,比如说阶级啊、剩余价值啊、生产关系啊之类的。但是马歇尔却认为,经济学不要那么拉着大旗扯着四海八荒好不好,就仔细研究个体在市场经济中的决策好不好,把经济学与社会科学、伦理科学等分立开成为一个精准、精确、科学化的学科好不好。所以,马歇尔将以前宏观大气、包罗万象的"政治经济学"改成了只关注微观个体在市场中最优化决策行为的"经济学"。

不管怎么说,好歹在每个阶段,经济学都只有一个名字,那为什么分成了微观经济学和宏观经济学两个并列的名字呢?

这要感谢"经济学界最后一位通才"萨缪尔森(Paul Samuelson, 1915—2009),他是麻省理工大学的经济学教授,本书后面也有对他的介绍。二战后,应学校邀请写一本足以不让学生上课睡觉的教材,于是,《经济学》(上下册)在 1948 年横空出世了。这本书此后修订再版 18 次,前无古人后无来者。如果不是因为 2009 年作者去世,估计再版 30 次没问题。硕士和博士阶段读书时,导师都要求我研读了萨缪尔森的教材,分别是第 10 版和第 16 版。

这个教材其实就是个合成品。上册是讲求自由主义的新古典经济学,主要讨论市场机制下的资源配置问题,涉及消费者个体和生产者个体决策,取名为"微观经济学";下册是讲求政府干预的凯恩斯经济学,主要讨论国民收入的决定,涉及经济总量的决定,取名为"宏观经济学"。这两部分彼此毫不相干,各自带着各自的基因,宣扬着互相矛盾的经济理论。

萨缪尔森这种做法被称为"折中",他是把自由主义和干预主义揉在一个派里,不再是纯粹的苹果派或者橘子派,而是折中了两种味道的产品。所以学术界称萨缪尔森及其追随者为"新古典综合派"(neoclassical synthesis)。

1948 年至今,大学经济学教材沿用的都是新古典综合派的体系。

20 世纪 70 年代后,很多经济学家困惑于这个体系:微观经济学中看不到整体,宏观经济学中看不到个体。可是,中国十几亿人所表现出来的总量,难道不是一个个个体创造出来的吗?每个个体的行为决策,难道不会成为大江水流中的一个个小漩涡、小暗流吗?如果大江中有无数小漩涡、小暗流在涌动,按照数学中无数矢量共同求和的原则,那么大江的所有流动方向和速度,一定是无数小漩涡和小暗流的共同作用结果,个体必然是导致总体变化的决定者。

凯恩斯经济学忽视了个体,后人们不能继续忽视。经济学家们重新将个体决策融入到宏观经济模型中,走上了宏微观融为一体的道路,这就是今天高举自由主义大旗的新古典宏观经济学和高举干预主义大旗的新凯恩斯经济学。

微观宏观一体化的研究生教材已经出现,但本科教材仍然沿用新古典综合学派的折中体系,分为微观经济学和宏观经济学。这大概是因为宏观微观一体化模型超越了本科生的接受能力,而有能力撰写本科新教材的大神尚未诞生吧。

4

宏观经济学，
不只有教材说的那一种

干预派普遍信奉凯恩斯经济学，他们认为经济是可操控的，只要政府能看懂经济的毛病，就能开出一个治疗的药方。自由派认为经济中只有个体知道个体的想法，只有自由市场经济是有效率的，政府不是全知、全在、全能的神，政府的任何干预政策都是错误的。目前我们本科阶段的宏观经济学教材主要讲干预派的理论。

宏观经济学和微观经济学研究的主题和分析方法完全不同。即使你没有学过微观经济学，也不妨碍你成为一位精通宏观经济的评论家。

　　微观经济学注重的是个体的最优化选择，目标是实现资源最优配置；而宏观经济学注重的是经济体整体，比如我们整个中国的经济，目标是实现经济稳定发展、充分就业、物价稳定和国际收支平衡等。

　　所有这些目标看起来似乎是宏韬大略，但其实和我们每个人的生活都息息相关。经济稳定增长是创造一切安定团结大好局面的前提，增长只是冰冷数字，数字背后可以是温暖的人生；充分就业是我们获得独立和尊严，融入社会的通道；物价稳定帮助我们实现不焦虑的生活，不必为每天价格的上涨而算计口袋里的几块钱；国际收支也会通过进出口和资本流动影响我们的生活。

　　全球化浪潮下，我们不得不想清楚很多事情，除了我们自己的决策之外，还有家国民族的命运和未来。所有这些未来，就如同滔滔江水，流去哪里，取决于各种力量，比如地形、万有引力、潮汐变化、水库等人为改变水流方式的设施等。我们的未来,也取决于每个人的力量和国家的运气。

宏观经济学家看待这些问题的视角和方法很多,就好像瞎子摸象一样,有的人说像扇子,有的人说像绳子,还有人说像柱子。到底像什么呢?目前还真没有一个人说得清楚。所以,现在就有很多经济学流派存在。他们之间争论不休,谁也说服不了谁。

这些流派中,大体来分可以分两大派。

一派是干预派。干预派普遍信奉凯恩斯经济学,他们认为:经济是可操控的,政府也许就是全知、全在、全能的神;只要政府能看懂经济的毛病,就能开出一个治疗的药方,药方还挺有用,肯定会治疗好经济的病。

一派是自由派。自由派认为:经济中只有个体知道个体的想法,只有自由市场经济是有效率的;政府不是全知、全在、全能的神;政府的任何干预政策都是错误的,都可能损害个人的自由决策,造成经济混乱,不但治不好经济的病,治死经济都有可能。

目前我们本科阶段的宏观经济学教材主要讲干预派的理论,所以可以这样说,教材说的不一定对,老师讲的不一定对,我们都是摸象的“瞎子”。既然如此,怎么办呢?建议你可千万别偏听偏信,还是去听听每一位“瞎子”的说法吧。老师只是其中一个“瞎子”,课下大家还要找其他“瞎子”,问问“瞎子”们的摸象感受。这些“瞎子”就在图书馆的经典著作架上睡大觉呢。至于你是否找得到这些“瞎子”们,看你的本事啦!

第一篇

经济理论的先驱们

5

节操碎一地的威廉·配第

纵观其一生,配第几乎能在任何领域中做任何事,不论是做水兵或教师、外科医生或内科医生、数学家或工程师、国会议员或商人、政府官员或经济学家,他都能取得成功,甚至反败为胜,他是穷困窘迫中自我奋斗而获得成功的典范,也是"时来天地皆同力"的幸运儿,同时也是个不择手段的掠夺者。

威廉·配第（Willian Petty，1623—1687）比亚当·斯密（1723—1790）早出生 100 年。

斯密之前的两三百年，正是欧洲博学多识的时代，人们可以在不同的知识领域中游刃有余。那时候的学者思想深邃、学识渊博、多才多艺，上通天文、下知地理，法律、伦理、医学、哲学、数学、音乐等多学科无所不知。

最为大家熟知的就是《蒙娜丽莎》的创作者达芬奇（1452—1519），他集画家、天文学家、发明家、建筑工程师于一身。他还擅长雕刻、音乐、发明、建筑，通晓数学、生理、物理、天文、地质等学科，他甚至还设计了人类史上第一个机器人。爱因斯坦曾经说，如果达芬奇的科研成果都发表的话，科学可以提前 30—50 年。

那几百年中这样的人物太多了，本文要说的配第就是这样一位博学多识的跨界人才。配第的博学得益于他的好学和好习惯——随时记笔记，每有所闻，必然记之。在他离开爱尔兰时，各种著作手稿和笔记达 53 大箱子，内容从医学、数学、物理学、力学到政治经济学和统计学等，他发表的 34 部著作仅仅是他手记中很小的一部分。此外,他发明了复写机,据说销路并不好;为了战争和运输他还发明了双底船,得到了英国的应用。

纵观其一生,他几乎在任何领域中做任何事,不论是做水兵或教师、外科医生或内科医生、数学家或工程师、国会议员或商人、政府官员或经济学家,他都能取得成功。他甚至还是在穷困窘迫中自我奋斗而逆袭成功的典范,是"时来天地皆同力"的幸运儿,同时也是个不择手段的掠夺者(图5.1)。

按照马克思的说法,配第是个"十分轻浮的外科军医",是个"掠夺成性、毫无气节的冒险家",也是"现代政治经济学的创始者""最有天才的和最有创见的经济研究家",是"政治经济学之父,在某种程度上也可以说是统计学的创始人"。

在马克思的文字中,配第在人性领域中是个难于描述的存在。草根出身的他,需要财富和金钱,为此他闯荡江湖,劫掠土地。他的博学多识为他插上疯狂无德的翅膀,帮助他从赤贫成为富有的英国超级大地主。说实话,抛开他对爱尔兰人民的劫掠和对爵位毫无节操的寻求,我还是很佩服这位乱世枭雄的,也许说"乱世窃贼"更恰当吧,好像《飘》里引人遐想的白瑞德船长。

小时候,总是非常崇拜那些历史上的学术伟人,总以为学术上出类拔萃的人,在精神领域和道德领域也必然是毫无瑕疵的。然而随着社会经验增长和心智成熟,这种想当然的论断被彻底否定了。学术是学术,道德是道德,两者真的不能混同起来。斯密是如此,配第也是如此,这样的例子不胜枚举。然而,正是因为如此,历史背景才赋予人物丰满的

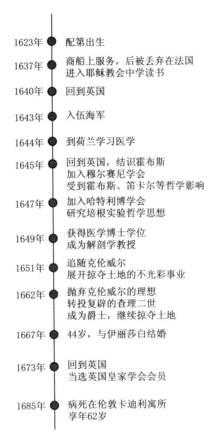

1623年 ● 配第出生

1637年 ● 商船上服务，后被丢弃在法国
进入耶稣教会中学读书

1640年 ● 回到英国

1643年 ● 入伍海军

1644年 ● 到荷兰学习医学

1645年 ● 回到英国，结识霍布斯
加入穆尔赛尼学会
受到霍布斯、笛卡尔等哲学影响

1647年 ● 加入哈特利博学会
研究培根实验哲学思想

1649年 ● 获得医学博士学位
成为解剖学教授

1651年 ● 追随克伦威尔
展开掠夺土地的不光彩事业

1662年 ● 抛弃克伦威尔的理想
转投复辟的查理二世
成为爵士，继续掠夺土地

1667年 ● 44岁，与伊丽莎白结婚

1673年 ● 回到英国
当选英国皇家学会会员

1685年 ● 病死在伦敦卡迪利寓所
享年62岁

图 5.1　配第生平大事年表

形象,不至于非黑即白地寡淡无味,否则我们今天还能讲什么八卦呢。

学习:提高格局的模板

配第的父母在英国汉普郡的伦姆赛县经营毛织和洗染,生活还算不错。配第是他们的第三个孩子，因为上面两个孩子都夭折了，所以配第算是家里的老大。此时，爆发于 1618 年并持续 30 年之久的德国战争愈演愈烈，英国的毛织品出口在配第出生后锐减，配第父母的生意一落千丈，家道从此衰落。

配第聪明好学，在当地文法学校读书，12 岁就通晓拉丁文，15 岁开始学习希腊文和法文。也是这一年，配第因为家境贫寒，不得不外出谋生。

最初，他在一家英国商船上做服务员，因为他是高度近视眼，在没有近视眼镜的时代，他就算是个瞎子，毫无同情心的同事们经常借此取笑欺凌他。人类似乎有欺凌弱小的动物本能，这在小学生中非常普遍。后来看了斯密的《道德情操论》我才理解，人类的同情心是教育的结果，并非与生俱来。一个没有同情心的人，他的家庭环境一定没有给他好的教育。

10 个月后，配第在航海事故中跌断了腿骨，商船把他抛弃在了法国戛纳。贫困交加、衣食无着的配第趴在恶臭的码头上，望着远处繁华的城市，暗下决心，一定要不择手段出人头地！然而，他的梦想是回到英国之后实现的。

拄着拐杖的配第并非全无所获，他在船上学到了罗盘和数学知识，而他的高智商又令他很容易将这些知识融会贯通。凭借着 12 岁学成的流利拉丁语，配第获得耶稣教会的帮助，成为一位军官的航海术老师和一位绅士的英文老师，同时还做些珠宝生意，小日子渐渐不再三餐不继。

之后,配第申请进入了耶稣教会在法国克恩城中设立的中学。学习不长时间之后,1640 年,配第回到英国,并在 1643 年成为一位海军水兵。做水兵期间,他的数学水平迅速提高,航海知识也再度增加。配第在海军中不仅学习了知识,重要的是存了 60 英镑的收入。他并没有像普通人一样,拿着这些钱置业、做生意,或者娶妻生子,而是到荷兰留学去了。

1644—1645 年间,配第进入荷兰的莱顿大学攻读医学。为了维持生计,他做了数学教授波尔的助教,业余在工场做钻石工人。在这里,配第见识了荷兰工人的吃苦耐劳,也了解到荷兰经济的运行状况,于是在学医的同时研究撰写经济论文,以后成为其流传几百年的《政治算术》中的前两章。

此后,配第在波尔教授的介绍下来到法国,结识了亡命巴黎的托马斯·霍布斯(Thomas Hobbes,1588—1679,英国政治家、哲学家。他创立了机械唯物主义的完整体系,指出宇宙是所有机械地运动着的广延物体的总和。他提出"自然状态"和国家起源说,指出国家是人们为了遵守"自然法"而订立契约所形成的,是一部人造的机器人,反对君权神授,主张君主专制。他把罗马教皇比作魔王,僧侣比作群鬼,但主张利用"国教"来管束人民,维护"秩序"。)二人情同手足,配第曾经说"以霍布斯的心为心"。

配第最知名的劳动价值论就来自霍布斯的影响。在政治思想上,他追随霍布斯支持君主集权制。在霍布斯的引荐下,配第加入了法国科学院的前身穆尔赛尼学会(笛卡尔、费马、伽利略都是这个学会的成员）。在这里,配第接触了培根的实验哲学,并认为经济学也可以像自然科学那样加以度量分析,所以才有了他最著名的"政治算术"。配第就像海绵一样吸收着学会中各门类大牛们所能提供的知识,与此同时,他进入巴黎解剖学校学习,结识了著名解剖学家范沙柳。

微信鸡汤文总说"你的圈子决定你的格局",这话真不假。配第可以从一个瞎子水手华丽转身为统治阶级的一员,霍布斯和范沙柳功不可没。然而,这只是故事的一半,你如何能进入这个圈子才是重点。任何圈子里高格局的人,绝不会有耐心和时间陪着低格局的菜鸟练手。切记,若想实现梦想,你得像配第一样努力,否则喝一肚子鸡汤的结果只有一个:撑死!

配第前半段的人生,就是一个提高格局的模板。他总是在任何时间、任何情况下、从任何人和事情上学习有用的知识和技能,在关键时刻总能以超越现实的眼光和胆略做出不同于凡人的抉择。配第这种逆境中溯流而上、忘我学习的精神,在生命转折时谋划未来的胆识和勇气,以及由此而展开的炫目多彩的人生经历,正是使得我们在几百年之后,仍津津有味地抱着好奇心嚼着舌头的原因吧。

1646 年,配第回到英国,并于 1648 年考入牛津大学,一年后获得医学博士学位。在随后的一年的时间里,配第被晋升为波拉斯诺学院解剖学教授,同时担任该学院的副院长。曾经学过多门语言和艺术的配第还做过音乐教授,主讲过医学、解剖学、音乐等课程。这跨越实在是让人五体投地,简直就是"水上飞",掠过高山湖泊易如反掌！想一想前一段时间因作为窦唯的吉他手而走红的中科院半导体所重点实验室主任、博士生导师、973项目首席科学家陈涌海，如果放在启蒙时代，也不过尔尔吧。

掠夺：从寒士到贵族

配第实现出人头地梦想的第一步似乎完成了。他有非常严谨的治学精神，这种严谨没有令他品质有何改善，却为他铸就人生的"莫邪剑"，帮助他成为一个随时有能力抓住一切机会的投机者，让他多彩而醒醍的一生披荆斩棘，无往而不利。

这突然令我想起明代诗人曹学佺的著名对联："仗义每从屠狗辈，负心多是读书人"。即使今天来看，那些负了普罗大众之心的也多是读书人吧，知识帮助他们成就更强大的能力来作恶。此时此刻，配第像猎犬一样嗅着财富的机会，而机会从来都是留给那些时刻准备着的人。

乱世出枭雄，配第寻求的机会就在乱世中到来了。

那时，国王的收入主要来自领地的土地租金。但是由于生活奢华以及连年征战，国王家里也没有存粮了。办法只有一个，和今天中国的地方政府一样，卖地！可是后来土地卖得差不多了，只好横征暴敛，可是又引起本国百姓的各种反抗。查理一世在位期间，不断增加关税，开征船税，增发公债，强迫资产阶级购买，同时还和教会勾结，加强专制统治，压制资产阶级和百姓的反抗。

这时,改变配第命运的第二位人物上场了。他就是新兴资产阶级代表克伦威尔将军,他推翻和绞死查理一世,建立共和政府,瓦解了封建土地制度,建立了议会制度。马克思后来评价说,这场战争的胜利,"不是社会中某一个阶级对旧政治制度的胜利,(革命)宣告了欧洲新社会的政治制度"。可见,克伦威尔在英国历史上是个伟大的存在。

本来配第在牛津教书,那顶多就是个"泥饭碗",致富是绝对不可能的。1651 年,配第摇身从君主集权制的支持者变成克伦威尔将军积极拥护者,并在英国占领爱尔兰之后,成为这位英国驻爱尔兰总督克伦威尔的随从医生。1652 年配第出任总督的私人秘书,逐渐成为克伦威尔父子俩的心腹。后来又被委派为爱尔兰议会书记和土地分配总监,负责把从爱尔兰没收的土地分配给有功的军官、士兵和资助征伐爱尔兰的商人。

克伦威尔追求的也许是资产阶级要求的自由和平等,而配第追随克伦威尔的目的却是财富和荣耀。配第在主持土地分配的工作过程中,首先作为殖民者,掠夺了爱尔兰人民 5 万英亩土地,这相当于202.35 平方公里。这个过程中,勤谨治学的配第继续积累实际的经济学知识,为他以后的经济学研究奠定了基础,后来出版了《爱尔兰的经济解剖》。

1658 年,配第成为国会议员。1660 年,克伦威尔将军死后,斯图亚特王朝复辟,配第再次改弦更张,投奔并受宠于查理二世,被封为爵士,担任爱尔兰的测量总监,变本加厉地侵占了大量土地,成为一名真正的贵族成员。到去世的时候,配第实际所拥有的土地已达到27 万英亩,霸占的土地面积多达 1 000 平方公里,占整个爱尔兰国土面积的 1.5%,其数量之庞大令人叹为观止。

正是这段历史,让马克思对其道德水平颇有微词:"这个敢于思想而又十分轻浮的外科军医,既能在克伦威尔的保护下掠夺爱尔兰,又能为这种掠夺向查理二世跪求必要的男爵称号,这样的祖像是不便公之于世的。"

学术:后人各有评说

爱尔兰是英国第一个殖民地。在彻底征服爱尔兰之前,英国曾经多次出兵爱尔兰,但都以失败告终。英国后来采取了渗透的办法,也就是爱尔兰人迁到英国做工人,而英国人到爱尔兰做统治者。这样就既解决了英国劳工问题,也解决了爱尔兰安定问题。

配第于是在《赋税论》中分析了应该将多少爱尔兰人迁到英国,在书中说老百姓缴税是天经地义的责任,因为他们享受了国家给予的安全,要"规规矩矩地负担必须负担的租税,不必螳臂当车"。他甚至分析说,"要使某些人成为奴隶",强制参加劳动,增加国民产出。可以说,《赋税论》是配第为给国王排忧解难的贡品。

至于配第的政治算术能力,也就是被马克思称为统计学之父的能力,实在堪称超强大脑。如果没有清醒的头脑,看他的书的时候一定会晕死的。所谓"政治算术"(political arithmetic)就是运用数字对政府有关的事务进行推理的技巧。配第首先提出了这一名称，后来受培根的影响，把"政治算术"改为更时髦的"政治代数"，后一种说法并未推广，因为配第用的的确是"算术"，而不是"代数"，这两者之间完全不同。

这里需要特别说几句的是，100年后出生的斯密大量研读了前人的著作，包括配第的《政治算术》。尽管用数字和度量来表达想法，可能会比凭借智力展开的文字争辩更有说服力，但是鉴于数学能力的限制，斯密对这套算术的方法颇无自信。按照熊彼特在《经济分析史》中的说法，斯密因此而选择了比较有安全感的大白话老路，将统计分析扼杀在他手里，继而以后250年的时间里，经济学家们只知道有"政治算术"这个词，而不知道"政治算术"为何物。对斯密的这类批评，请看后面的第7章"关于亚当·斯密的流言蜚语"。

配第最经典的经济思想是其劳动价值论，即商品的价值取决于生产商品所使用的劳动时间，也就是几乎每个人都知道的一句老生常谈："劳动是财富之父……就像土地是财富之母一样"。这一思想照亮了马克思走向劳动价值论的前程，也照亮了凯恩斯干预主义的前程。因此，马克思称之为"政治经济学之父"，而凯恩斯也郑重其事地在著作中表述其思想。

马克思经济学独辟智慧蹊径，值得我们发愤忘食，但考虑到本书主要介绍西方主流经济学的江湖故事，故本文不再陈述马克思的观点。

凯恩斯称其思想渊源之一是重商主义，而配第恰恰是重商主义向古典经济学转变时期的学者,其思想闪现着重商主义的浓重色彩,比如支持贸易出超、支持政府干预经济生活、支持殖民地政策等。一直到晚年,配第思想中的重商主义色彩才淡化消失。

凯恩斯《通论》中至少两处提到配第:"还有一个作家叫配第……认为利率之所以由1分降至6厘,乃是因为货币数量增加。若一国铸币太多,则放款取利乃是适当补救办法。""配第相信,要等到我们拥有的货币,不论是在绝对方面或相对方面,都超过任何一邻邦所有者时,我们才能停下来,不再努力增加货币数量。"

凯恩斯上述文字讨论的是配第关于货币的思想。凯恩斯推崇的人非常少,最推崇的可能是马尔萨斯,第二是谁就很难说啦。能被凯恩斯在著作中单独提及,足以见配第思想对凯恩斯的影响。在被斯密忽视250年之后,配第终于被凯恩斯投以青眼而进入主流经济学的研究领域。让我们看看下面的文字:

"如果某地有1000人,其中100人能够生产全体1000人所必须的食物和衣服;另外200人生产的商品和别国用来交换的商品或货币一样多;另外400人为全体居民的装饰、娱乐和华丽服务;如果还有200人是行政官吏、牧师、法官、医生、批发商及零售商;以上共计900人。那么就有一个问题:既然尚有充裕食物给那多余的100人食用,那么他们如何得到这些食物呢?"

配第说,不能让这些人去做乞丐、小偷,也不能被驱逐出境或绞死,要为这些人安排工作,"使所有的公路加宽,坚固而平坦,借以大大减轻旅行和车马的费用和烦劳;浚河流,使其能够通航;在适当地方栽植有用的树木,以供采伐、观赏和产殖水果之用;修建桥梁和堤道;开采金矿、石矿和煤矿;冶炼钢铁等等各种职业……"

如果你把配第认同人们可以做奴隶的想法先放在一边,单独看上面这些措施,这难道不是罗斯福新政吗?难道不是凯恩斯政府支出增加就业的措施吗?怪不得凯恩斯在赞扬重商主义时,会如此郑重其事地提及配第!

6

孟德维尔和他的《蜜蜂的寓言》

《蜜蜂的寓言》是个横看成岭侧成峰的故事，需求管理者看到消费促进繁荣和就业的重要性，而自由主义者看到个体自由决策带来繁荣兴旺的重要性。孟德维尔能有这样的创见，并不顾世人的指责和唾骂，不断修订再版，这种坚持内心和立场的精神确实令人钦佩，这也许正是他至今仍被深深铭记的原因吧。

孟德维尔（Bernard Mandeville，1670—1733）祖籍荷兰，后定居英国，是一位拥有医学博士学位的医生，曾在 1711 年发表论文《论忧郁情绪和歇斯底里情绪》，而其最著名的著作是令其声名狼藉的《蜜蜂的寓言：私人的恶德，公众的利益》(*The Fable of the Bees*：*or*，*Private Vices*，*Publick Benefits*)。《寓言》说：蜂巢国中贪婪、自私、奢侈、享乐、"恶德"横行的蜜蜂们带来了蜂巢国的繁荣和富足；后来，由神的旨意变得从善如流的蜜蜂，秉持真诚、节俭、朴素的"善德"，结果却给蜂群带来了萧条。这就是我们今天所说的"节约悖论"。

　　此书在 1705 年第一版时，是一首售价 6 便士的讽刺散文诗，书名为《抱怨的蜂巢，或骗子变作老实人》。此书很快被盗版以 0.5 便士出售而充斥街头，恶名随之传播四方。1714 年，该书增添解释内容成为《蜜蜂的寓言：私人的恶德，公众的利益》。1723 年继续增补成为第三版。第三版刚一出版，米德塞克斯郡法庭的大陪审团即判决该书是"一种公害"，是"扰乱社会秩序"的恶魔。判决吹响了论战的号角，为了表达自己的支持或批判，人们纷纷慷慨解囊，《寓言》竟然因此再版四次，成为英国历史上收获骂名最多的名著，真是应了那句名言:禁书必火。

彼时,亚当·斯密刚刚降生世间,而斯密未来的大学老师,那位"永远令人难以忘怀的哈奇森博士"正在格拉斯哥大学执教。弗朗西斯·哈奇森之所以令斯密难忘,是因为哈奇森的博学和对斯密在道德伦理方面的启迪。对经济学界而言,哈奇森有两点令人难忘:一是他作为斯密 1737—1740 年间的哲学和伦理学老师,在 1755 年出版了《道德哲学体系》,据说斯密大量抄袭其理论而未公开致谢;另一则是哈奇森对孟德维尔的愤怒和批判。

作为理性经济学家和苏格兰长老会信徒,哈奇森无法接受为欺诈、盗窃做辩护的孟德维尔。哈奇森写道:"在一种用途上不被花费的收入将要用到另一种用途上,它如果不被浪费在奢侈消费中,就必然用于有用的、明智的目的……提供给公众的物品无论如何也不能归功于奢侈者、挥霍无度者和傲慢自大之人,而是源自于勤劳的人们,是他们注定要向所有的顾客供给产品。"

200 多年后,凯恩斯在《就业、利息和货币通论》中认为孟德维尔的《寓言》是消费促进就业和繁荣的经典案例,也为边际消费倾向带来的乘数作用提供了支持。在《通论》第六编中,凯恩斯详细讨论与其总需求不足理论有着各种渊源的前人,就消费不足理论而言,他给予孟德维尔、马尔萨斯和霍布森肯定。而凯恩斯所看重和勘定的,正是这三位学者当时被嘲讽、挖苦和鄙弃的思想。

那么,我们就来看看孟德维尔这个被判决为"公害"的《寓言》故事吧。

　　孟德维尔在书中说:"人是激情的复合体……是一种格外自私而顽固的动物",这种动物所有行为的出发点都是利己;虚荣心激励人们以不顾公众、满足私欲的"恶德"实现功名利禄;"每个人的诚实都不是发自内心的",即使是那些公认的善行,也是在利己心驱使下为获得赞扬和避免指责而为。

　　鉴于人的自私天性,孟德维尔说克服天性的"美德"并非与生俱来,也不是神灵的教化,更不是后天理性思考的结果:"道德美德皆为逢迎骄傲的政治产物",来源于老练政客的精心策划,"让富于雄心者从中获得更多收益"。道德只不过是人们在利己心鼓舞下、在政客策划的社会中总结出来的、如何做才能让自己最幸福的功利主义经验而已。这点,边沁觉得"于我心有戚戚焉",于是在他书里小小地挺了孟德维尔君一把。

　　再回到《寓言》上来,蜂巢里充斥着各种利己的"恶德":律师只想着拖延诉讼盘剥委托人,医生只想着看病卖药带来的财富和荣誉,大臣们想方设法满足贪婪私欲,士兵们出战绝非出于真诚……没有一个行当里不包含谎言。在这个恶行累累的利己主义蜂巢中,"每个部分都被恶充满,作为整体的蜂巢却成为一个乐园"。

　　这是为什么呢?孟德维尔说,贪婪、奢侈、挥霍、骄傲、嫉妒和虚荣都是高贵的罪孽,都是激励蜜蜂们勤勉奋斗的传道人,驱使蜜蜂们去努力实现梦想、雇用他人工作、生产各种满足欲望的产品、推动经济贸易发展、为自身荣誉地位参与战争,继而带来了国家安定和人民富足。总之,"一切恶是公共利益之源",促进了就业和繁荣。

没有了虚荣心、嫉妒心、争名夺利和奢侈浪费,这个世界也许将归于死寂?

孟德维尔笔锋一转,说这些恶德的蜜蜂们坏事做绝,明明知道自己恶行不断,却成天抱怨别人的恶行,假装自己内心充满美德,成天无耻地高喊:"好心的神,吾辈若诚实该多好!"在这些蜜蜂的叫嚷下,主神终于发出了誓言:就让那个抱怨的蜂巢全无欺诈吧!

倏忽之间,诚实充满了蜜蜂们的心窝,蜂巢成了美德的天下,伪善面具全部被扔掉:欠账者深深忏悔不再进酒馆,奢侈者默默穿着打了补丁的旧衣,律师再也找不到打官司的蜜蜂,医生们不再用医药赚钱,大臣们变得节俭,教士们分文不取……蜜蜂们不再追求豪华殿堂,艺术和技巧也相继消失。

随着美德的到来,服装、房屋、车马连同所有商品价格一跌再跌,很多工厂作坊不得不关闭,就业岗位大量消失,蜜蜂数量也骤然减少。真诚保护蜂群、主动投入与其他蜂群战争的蜜蜂们,在苦难和磨砺中坚定了美德,为了防止骄奢淫逸,最终飞入一个空树洞中去安享满足和诚实的生活。过去的繁荣和恶德一起消失,取而代之的是萧条和美德。

凯恩斯推崇这个故事,是因为故事暗含的需求管理思想中大肆消费带来繁荣这一点。但我们在看这个故事的时候,也不要想当然地认为凯恩斯喜欢的思想就必然是支持政府干预的思想。孟德维尔的《寓言》故事实际上却是自由主义的重要著作。你在看故事的时候,千万不要忽略了蜜蜂们是在不被限制的自由自在"恶德"天性下

経済学江湖事

实现的繁荣和富足。所以,故事不仅仅是消费促进繁荣,也是自私自利的蜜蜂们在自由追求恶德中实现了繁荣和富足。

从这个角度来说,《寓言》故事至少有两点意义深远:

第一,自私自利是人类天性,个体自由追逐自利的行为是促进经济繁荣和社会福利的原动力。因此可以说,孟德维尔是个人自由主义的奠基者之一。斯密、哈耶克基本都是走的这个套路,所以哈耶克也大大挺了孟德维尔君一把,称其为 18 世纪最伟大的思想者之一。

第二,政府要制定合理的制度激发人们的自利行为,令私人的恶德成就公众的利益。从政府的立场出发,

> 如果你想使一个人类社会变得强大,你必须触发他们的激情……分配土地……对土地的占有会使人们变得贪婪(私人产权的美好作用原来如此哦),必须用激情把他们从懒惰中唤醒,骄傲会驱使他们认真工作……这样,你就会在他们中培养出嫉妒和竞争……这会促进航海、爱护商人,鼓励各行业的贸易活动,这将带来富裕,艺术和科学就会随之而至。借助于我说的那些建议和良好的管理,政治家就可以使一个民族变得更加强盛、繁荣和声誉卓著。

《寓言》也让哲学家大卫·休谟认识到:"让一切从利益出发,甚至可以让坏人为公众的利益作出贡献。"这是否也会令你想到斯密的那段话:

> 我们的晚餐并非来自屠夫、酿酒师或者面包师傅的仁慈之

心,而是他们的自利之心。我们不要说唤起他们利他心的话语,而要说唤起他们利己心的话语。我们不说自己有需要,而要说对他们有利。

所以,我们甚至可以说,《寓言》实则是个横看成岭侧成峰的故事:需求管理者看到消费促进繁荣和就业的重要性;而自由主义者看到个体自由决策带来繁荣兴旺的重要性。孟德维尔能有这样的创见,并不顾世人指责和唾骂不断修订再版,这种坚持内心和立场的精神确实令人钦佩。这也许正是他至今仍被深深铭记的原因吧。

7

关于亚当·斯密的流言蜚语

斯密在自由市场、自由竞争等方面为后来者提供了系统的理论基础，尊为"经济学之父"一点都不过分。但是，主流经济学之外的有些学者却指责斯密是欺世盗名的剽窃犯，指责斯密在英国和法国的图书馆中，埋首书堆刻苦抄袭十多年，才精心撰掇出了字里行间都闪烁着前人不朽光辉的《国富论》。

作为一个常年讲授主流经济学的教师，在每学期经济学课程的第一节课上，我都要煞有介事地灌输一下亚当·斯密是经济学之父。我这么做是因为我还是学生的时候，我的经济学老师就是这样灌输的，作为一个勤于照猫画虎的人，我就照搬了老师的说法。而我也发现，我的学生也很自然地接受了斯密是经济学之父的说法，毫无抵抗之力。

　　这个说法大体是在他之前，只有零零碎碎的经济学思想和论述，而没有系统的经济学理论，而斯密是第一个站在无数人肩膀上，将前人的成果和自己的思考完美结合为系统经济学理论的第一人。此后的西方主流经济学基本是从斯密的理论中不断传承和丰富起来的。因此，斯密被称为"经济学之父"。

　　斯密之后一直到约翰·穆勒的《政治经济学原理》(1848)出版，经济学家们的思想基本来源于斯密。此后发展起来的新古典经济学直到新古典综合派和今天的新古典宏观经济学，仍然尊崇斯密的"看不见的手"。从经济学说史的角度来说，斯密无疑在自由市场、自由竞争等方面为后来者提供了系统的理论基础，尊为"经济学之父"一点都不过分。

但是,世间的事情就怕"但是"。

主流经济学之外的有些学者却指责斯密是欺世盗名的剽窃犯,指责斯密在英国和法国的图书馆中,埋首书堆刻苦抄袭十多年,才精心撺掇出了字里行间都闪烁着前人不朽光辉的《国富论》。

熊彼特在《经济分析史》中的评价也许更加客观。他首先赞扬《国富论》是一部伟大的著作,但也指出,该书"所包含的分析思想、分析原则和分析方法,没有一个在 1776 年前是全新的",而斯密"对于前人,该感谢的他都感谢了,就是不那么大方,从不像达尔文那样坦白地使人知道前人的足迹"。后人把他之前的经济学家看作"前驱者,但抽掉这些前驱者的思想,是否还能剩下斯密的思想,是很值得怀疑的"。

熊彼特还很独到地指出:正是由于斯密不是那么有才华,思考和挖掘得不是那么深入,才使得此书喜闻乐见于普罗大众,令大众对斯密的智力连声称奇,对其著作肃然起敬;这也正是斯密应时代之约而作出的最重要的贡献,也使得他的书成为一部伟大的著作。

最初被划归奥地利学派的熊彼特在《经济分析史》中,以这种几乎毫不掩饰的轻蔑态度基本否定了斯密对经济学的贡献,这在奥地利学派中间似是共识。作为奥地利学派的领军大将,罗斯巴德(Murray Rothbard, 1926—1995)的看法和熊彼特如出一辙,而他的评论更加毫不留情。他在《亚当·斯密以前的经济思想》一书中评价斯密"剽窃成瘾","在基本不致谢或说明出处的情况下,大段抄袭坎蒂隆的东西。更糟糕的是，他完全没有提到或者致谢他心爱的导师，他从导师那里得到了他的大多数想法和他的经济学和道德哲学讲义的组织结构"。他认为斯密没有任何原创，只不过是创建了英国古典经济学的范式，而这一范式却错漏百出。他赞扬熊彼特"第一次以冷静和现实的目光观察这位大名鼎鼎的英格兰人……他本质上认为斯密把经济学引向了一条错误的道路……"

鉴于奥地利学派的分析范式和古典经济学相差甚远，我们可以忽略罗斯巴德指认的那些所谓"错误"理论。但是关于斯密是个"厚脸皮的剽窃者"的说法，似乎并非全无道理。换句话说，如果斯密当初君子不倚危墙，在学术声誉面前更加真诚谦逊，在感谢他人方面更加光明磊落，欺世盗名的剽窃犯的罪名就不会被一些人强加在他的头上。尽管如此，作为一位集前人贡献和自身创造为一体的经济学家，他在经济学说史上的地位至今堪比珠穆朗玛峰。

本文所述熊彼特对斯密的评价可褒可贬。我们的经济学教学基本围绕主流经济学展开，非主流经济学仅仅是简单介绍，所以对于上述观点，各位看官需要研读更多的经典著作才能自行加以判断。感兴趣的话请先阅读上述两部巨著。

8

亚当·斯密的数字人生

作为一位 54 岁的单身汉,仍然在期待上帝能赐予他后代,这的确出人意料且令人遗憾。也许,斯密始终在期待爱情、婚姻、家庭和后代吧。但他容易走神、自言自语的毛病和他的疑病症始终让他无法实现这一梦想。相比于美女环绕的休谟,斯密在异性面前无疑是笨拙而不讨巧的。

1723 年 6 月 5 日,亚当·斯密在可卡尔迪接受洗礼,这一日被认为就是生日。此时,他生命中最真挚的朋友大卫·休谟 12 岁,正在爱丁堡大学读书。斯密的父亲在他出生前 5 个月已经去世,斯密由母亲抚养成人,他断言说"没有其他任何人曾经或以后会比她更爱我。"在其母亲去世后,斯密只活了 6 年。

1737 年,14 岁的斯密到格拉斯哥大学就读。1740 年 6 月起,斯密到牛津大学读书 6 年,在这里他因偷看休谟的异端邪说《人性论》而受到严厉批评。1749 年,斯密和休谟邂逅成为一生挚友,直至 1776 年休谟去世。

1752 年 4 月 22 日,斯密当选为格拉斯哥大学道德哲学教授,当时他正任职逻辑学教授,两个教席带给斯密的薪水大概是每年 50 英镑。斯密的非公开课收每个学生 1 几尼,公开课收每个学生半几尼。斯密的道德哲学课程有 80—90 位旁听生,非公开课上有 20 位旁听生。因此,斯密的收入大概在每年 150 英镑到 300 英镑之间,因听课学生数量而不同。按照购买力估算,1752 年的 1 英镑约为 2017 年的 141.9 英镑,300 英镑相当于 2017 年的 42 570 英镑,对比 2017 年英国经济学家平均年薪 35 297 英镑来说,斯密的年收入和今天英国经济学家的年收入基本相同。2017 年英国薪金数据来自 QS.com。英镑不同年份购买力计算来自 MeasuringWorth.com。

1759 年 4 月,斯密的《道德情操论》出版,售价为 16 先令,印发 1 000 本。1761 年 1 月出版第二版,印发 750 本。1767 年 5 月出版第三版,印发 750 本。1774 年 10 月出版第四版,印发 500 本。1781 年 9 月出版第五版,印发 500 本。1790 年 4 月出版第六版,印发 1 000 本,硬皮装 12 便士,装订本 14 便士。此后,斯密去世。

1764 年,斯密辞去教职,成为 18 岁的巴克勒公爵的游学导师,年薪 300 英镑,旅行费 200 英镑,养老金每年 300 英镑。公爵的继父是因为看到斯密的《道德情操论》后,与斯密未曾谋面的他认为斯密具备作为贵族家庭教师的所必需的才华,在休谟的牵线下得到这一收入颇丰的工作。可惜工作期限尚未结束,公爵就因病去世了。

1776 年 3 月 9 日,斯密的《国富论》出版,全书 1 000 多页,总共四开本两卷,封面为带有大理石条纹的灰蓝色。出版商支付给斯密 300 英镑的版权费,再版时支付 200 英镑版权费。1776 年 3 月第一版,发行 500 本,未装订的每本 1 英镑 16 先令,装订的每本 2 英镑 2 先令。1777 年 11 月第二版,发行 500 本。1784 年 10 月第三版,发行 1 000 本,未装订的每本 18 先令,装订的每本 21 先令。第二版的增补和修正发行 500 本。1786 年 10 月第四版,发行 1 250 本。1789 年 2 月第五版,发行 1 500 本。1791 年 10 月第六版,发行 2 000 本。斯密的出版商共发行了 7 250 本。160 年后,同样具有革命性的另一本书,则定价略显离谱。1936 年 2 月 4 日,凯恩斯的《通论》出版,售价为 5 先令(1 英镑等于 20 先令)。原因大概有两个:第一是凯恩斯希望以畅销书的价格销售;第二是《通论》的厚度只有《国富论》的四分之一,若以页码数量定价的话,价格自然要低一些。但是低到 5 先令还是有些令人咋舌。1991 年,第一版《国富论》在拍卖行中以 18 500 英镑的价格被人拍走。

1777 年,斯密就任苏格兰海关专员,年薪为 500 英镑,作为主管延误税收的职务年薪是 100 英镑,加上巴克勒公爵提供的 300 英镑退休金,斯密收入为 900 英镑。但斯密将大部分薪水秘密进行慈善捐赠。按照 1777 年 1 英镑相当于 2017 年 122.9 英镑计算,斯密一年收入相当于 2017 年的 110 610 英镑,相当于 2017 年 3 位经济学家年薪之和,可以说是非常富有了。但由于斯密的秘密捐赠,他留下来的遗产并不丰厚。

1790 年 7 月 17 日午夜,斯密去世。

非数字八卦:斯密年轻时爱上法夫郡美丽而富有才华的坎贝尔小姐,但斯密总是心不在焉地走神和自言自语的风度实在无法吸引风姿绰约的坎贝尔小姐,一段恋情尚未发芽就告终了。据说,斯密晚年曾经和坎贝尔小姐重逢,两人也仅仅是相对微笑而已。坎贝尔小姐和斯密均终生未婚。1766 年,斯密曾经一度暗恋一位名为尼科尔的英国女人,但仍受制于斯密毫无倜傥之感的风度而不了了之。

斯密在 1777 年 8 月写给斯坦霍普勋爵的信中,说要将勋爵的信件留给"他的家族和后代(如果上帝能够乐意赐予我任何后代的话)"。作为一位 54 岁的单身汉,仍然在期待上帝能赐予他后代,这点的确出人意料且令人遗憾。也许,斯密始终在期待爱情、婚姻、家庭和后代吧。但他容易走神、自言自语的毛病和他的疑病症始终让他无法实现这一梦想。相比于美女环绕的休谟,斯密在异性面前无疑是笨拙而不讨巧的。

斯密终身未婚,而终生未婚的哲学家很多,比如:柏拉图、阿奎那、霍布斯、休谟、笛卡尔、洛克、斯宾诺莎、牛顿、莱布尼兹、伏尔泰、康德、吉本、叔本华、克尔凯郭尔、尼采和维特根斯坦等。尼采认为,真正的哲学家从不结婚,而苏格拉底的婚姻只是一种反讽。

9

斯密和休谟的友谊与龃龉

哈奇森认为斯密骨骼清奇、天赋异禀，于是就将斯密推荐给了他的朋友休谟，由此开始了两位终身未娶的伟人之间的旷世友情。他们在精神上形影不离，彼此支持，互相砥砺，成为启蒙时代最伟大的两位学者。他们也一起讨论哲学、经济、历史问题，针砭社会时弊，也互相倾诉各自生活中的趣事和麻烦。

长久真挚的哲学友谊

休谟被认为是英语写作史上最伟大的哲学家,而斯密被称为经济学之父。这两位启蒙时代的苏格兰人在后来的两百多年间,影响了全世界无数的人。他们如同夜空中熠熠生辉的星辰,闪烁着睿智理性的光芒。

休谟(1711—1776)比斯密(1723—1790)大 12 岁。休谟在 1937 年出版《人性论》。按照休谟自己的说法是,这本书刚出生就宣告了死亡,根本没有引起任何反响,更何谈获得预期的经济回报。休谟遂决定放弃哲学转而成为随笔作家,回归平凡,卖文为生。

斯密和休谟的相识,就源起于这本书。1740 年,16 岁的斯密正在格拉斯哥大学学习数学,从他伦理学老师哈奇森那里获得了《人性论》,并为此书写了一篇摘要。哈奇森认为斯密骨骼清奇、天赋异禀,于是就将斯密和摘要一起推荐给了他的朋友休谟,由此开始了两位终身未娶的伟人之间的旷世友情。他们在精神上形影不离,彼此支持,互相砥砺,成为启蒙时代最伟大的两位学者。他们也一起讨论哲学、经济、历史问题,针砭社会时弊,也互相倾诉各自生活中的趣事和麻烦。

休谟和斯密在现实中相遇大概在 1749 年,休谟这时已经出版《英国史》等著作,他用一种耀眼而明丽的色彩在著作中将道德和教化呈现出现,这些著作不仅为休谟赢得了无数拥趸和如日中天的学术声望,也背负了"异教徒"和"怀疑论"的名声而深受教会攻讦。在休谟受到神职人员攻击的岁月里,有神论者斯密坚定地选择站在了休谟一边,不惜与主教对立。而在两人游历英国、法国的时期,已经功成名就的休谟利用一些关系帮助斯密进入法国社交圈,去结识那些能帮助到斯密学术和生活的人。比如,1759 年休谟将斯密的《道德情操论》送给了很多朋友,帮助其做宣传,斯密因此获得了陪同小公爵游学法国的家庭教师工作。此时休谟在英国驻法大使馆工作,在他引荐下斯密拜访了伏尔泰、杜尔哥、魁奈等知名人士,从中受益匪浅。在后来休谟和卢梭之间发生的时代恩怨中,斯密、杜尔哥、魁奈等人也理所当然地站在了休谟的一边。

在二人的友谊中,休谟更多的是和斯密展开哲学讨论,并为斯密的写作提供大量建议和资料。即使在临终之前,休谟仍为斯密的《国富论》写作和出版殚精竭虑。斯密在哲学思考上深受休谟的影响,在斯密的《道德情操论》和《国富论》中,处处都有对休谟思想的回应。在《国富论》中,斯密援引了休谟的名字五次,引述了《英国史》中四个完整段落,并称休谟是"目前为止这个时代最杰出的哲学家和历史学家"。

斯密处世谨慎而圆滑，相比于休谟公开的"怀疑论"立场，斯密隐晦而不言，因此在休谟去世之前，斯密并未遭受任何来自教会的攻击。但是在休谟去世后，斯密以大无畏的精神撰文宣扬"怀疑论"者休谟在临终时刻内心的安详和宁静（笔者推测，这其中可能夹杂着拒绝出手帮休谟出版《自然宗教对话录》的歉疚感，详见后文），这激怒了基督教会对来世的信仰，因此而遭受到虔诚信徒的肆意谩骂和攻讦。

你活着，我勇敢地站在你的身侧。你死后，我仍然在你战斗过的地方为你摇旗呐喊。

休谟去世后，斯密因任职海关专员而离开格拉斯哥定居爱丁堡。爱丁堡是休谟曾经生活和战斗了几十年的地方。在定居爱丁堡之前，斯密从来没有在爱丁堡长时间居住过，甚至从未特意关注过这座城市，但自从他搬过来以后，他很快就变成了爱丁堡家喻户晓的人物。游客们络绎不绝想拜访结识他，而城市精英们则热切渴望能与他把酒言欢。斯密填补了由于休谟离世而空缺的社交主人的位置。

斯密喜欢朋友们不邀而至，坐在一起随意畅谈。他还帮助建立了名为"牡蛎俱乐部"的主日晚餐会，这个俱乐部有时也被称为"亚当·斯密俱乐部"，俱乐部的主要创建者还有约瑟夫·布莱克和詹姆斯·哈顿，这二人后来成为斯密的遗稿保管人。这三人完全可以称得上是三巨头，斯密、布莱克、哈顿分别是现代经济学、化学和地质学的创建者。这些杯盘交错、谈笑风生的社交生活肯定有助于减轻斯密痛失休谟之苦，但是的确无法完全消除他对他的思念：1784 年，斯密对斯特拉恩说:"在这个世上,我的朋友越来越少,新结交的那些友人无法替代他们在我心中的位置。"

亚里士多德将友谊分为三类:出于功利的、乐趣的或美德的友谊,其中第三类是最高尚和弥足珍贵的。斯密和休谟之间的友谊,堪称是对美德友谊的教科书式诠释:稳定持久而互惠的纽带,不仅来源于对利益的追求,来源于从他人陪伴中得到的乐趣,也源于对崇高目标的共同追求,比如对哲学的探索。

休谟仁慈、温和、多金的特点,让他成为社交场上的焦点。而斯密却是个谨慎、独处和爱走神、自言自语的人,一旦斯密思考和写作时,基本上就彻底进入闭关状态,常常惹得休谟思念不已,总是写信请求斯密去陪伴他,说信件往来完全不能比得上面对面的聊天。下面引述《异端与教授》*中的一段话:

> 在那段时间里,休谟所有的信件里几乎就一件事:请求斯密到爱丁堡来陪伴他。他不是抱怨斯密来得不勤,就是抱怨斯密停留的时间不够长,总之没有达到休谟的期望:"我们听说的这些传闻是怎么回事? 亲爱的斯密,听说您一两天之后不会来这里……?"(1770 年 2 月)"深切地期盼,您什么时候过来看我们呢?"(1770 年 2 月)"休谟先生因没有见到斯密先生而落寞寡

---

* 《异端与教授:塑造现代思想的休谟和斯密之谊》(*The Infidel and the Professor*: *David Hume*, *Adam Smith*, *and the Friendship That Shaped Modern Thought*)是塔夫茨大学政治学系教授丹尼斯 C.拉斯穆森的著作,2017 年由普林斯顿大学出版社出版。本书作者徐秋慧已将《异端与教授》译为中文,中文版即将由格致出版社出版,敬请关注。——编者注

欢。他希望斯密先生明天过来后能一直待到吃晚饭。"（1772年6月）"这个夏天我能见到您吗？"（1772年6月）"恳请您在这个冬天能过来和我们一起度过。"（1772年11月）"'Surge et inhumanae senium depone Camenae'——这句话引自贺拉斯的书信。'快站起来吧，别在离群索居和冥思苦想中生气啦'。"（1773年2月）"我迫不及待想见到您。"（1773年6月）

休谟临终前的龃龉

两位情同手足的挚友之间曾在休谟临终前发生一段龃龉，事情要从《国富论》出版前后说起。

1773年4月16日，《国富论》基本完稿。精疲力竭的斯密担心自己猝然离世，决定指定休谟为遗稿继承人。他给休谟写信说，"我打算把我所有的书稿交于您来处理"，信中详细说明了各种手稿如何处理的问题。此后，斯密去了伦敦处理出版事务。在这两年中，尽管不断收到休谟的来信，斯密始终没有给休谟只言片语的回复。

1776年，休谟的健康状况江河日下，1月4日，休谟写下遗嘱，指定斯密为其遗稿管理人，全权处理除了《自然哲学对话录》之外的所有著作。3月，渴望见到斯密的休谟病中写信给斯密："我家里为您腾出的房间一直空着，还是来吧，我一直在家等着……您如果还迟迟不来，可能就再也见不着我了。"

然而，此时的斯密正沉浸在伦敦的鲜花与掌声中，刚刚出版的

《国富论》为斯密带来了荣誉和财富。而休谟委托出版的书籍涉及神学争论，可能带给他责难和麻烦。他选择了漠视休谟的请求，这迫使休谟不得不修改遗嘱。

1776 年 8 月 13 日，休谟最后一次写信告知斯密自己的身体状况之后，于 25 日安然去世。休谟去世后，他最信任的朋友斯特拉恩接受嘱托成为遗稿管理人，并冲破斯密的阻挠不折不扣履行了休谟嘱托。为了避免与《对话录》产生任何联系，斯密不仅坚决决绝了休谟 200 英镑的遗赠，而且要求将他帮助修改过的休谟自传与《对话录》分开出版。斯密说："这不仅有利于我的平静生活，也有利于您的商业利益。"

对于二人之间这段龃龉，多数后人的评价对斯密颇有微词，认为斯密辜负了休谟的情谊和嘱托。这也许是真的，也许是人们对斯密的误解。斯密生性谨慎，所以才能在休谟备受教会攻讦时支持休谟而保全其身，也正可能是因为这种谨慎，导致斯密在《国富论》出版后建树学术声望时，努力避免由于《对话录》可能引发的责难。这对于坚信人具有利己心的斯密来说，也许并不意外。

此外，休谟《对话录》的撰写大概在 1751 年，当休谟向朋友埃利奥特征询意见时，埃利奥特成功说服休谟不要出版此书。到了 1763 年，休谟旧事重提，将《对话录》的手稿在友善的温和派神学家中传阅。该派领袖人物布莱尔再次劝导休谟："看在上帝的分上，如果您想让它面世，还是在您辞世后再让它面世吧。但是我真心认为还是不出版为妙。"

完成已经超过 20 年,却囿于其可能引发的宗教纷争而迟迟未付梓,临终之际,却将这块烫手山芋扔到斯密手中,似乎也有不妥。就此而言,在《对话录》一书出版问题上,二人的做法可谓不分轩轾,斯密谈不上负了休谟,休谟也谈不上嫁祸斯密。至于二人内心真实想法到底是什么,也许只有风知道了。

10

休谟和卢梭的疯狂大战

所谓知识精英或社会名流吵起架来,架势和农夫别无二致,其出言之卑劣、中伤之狠毒、猜疑之丰富、逻辑之混乱、手段之残暴、涉及之广泛、后果之严重,完全超越了乡野农夫所能达到的高度。休谟和卢梭之间就发生过这样一场喷血自污的江湖恩怨。

人们通常以为学识渊博、身份高尚的人一定不会像田野里的农夫那样破口大骂,有辱斯文,而事实可能恰恰相反。这些所谓知识精英或社会名流吵起架来,架势和农夫别无二致,其出言之卑劣、中伤之狠毒、猜疑之丰富、逻辑之混乱、手段之残暴、涉及之广泛、后果之严重,完全超越了乡野农夫所能达到的高度。

　　休谟和卢梭之间就发生过这样一场喷血自污的江湖恩怨(图 9.1)。我父亲曾经这样评价休谟和卢梭之间的恩怨:一个多疑,

图 9.1　两位事主:休谟(左)和卢梭(右)

一个小心眼。言简意赅、一语中的,多疑的是卢梭,小心眼的是休谟。

相见的因缘

事情得先从休谟说起。

休谟出版《英国史》之后,虽然在英国境内褒贬不一,甚至遭遇教会和虔敬之徒的攻讦,但在法国却收获了无数赞美和掌声,尤其是在法国上流社会中。当时的法国沙龙盛行,是交流艺术、哲学、文学和科学的启蒙场所,是思想自由和言论自由的庇护所。沙龙通常是由一位博学多才、美丽热情且颇具社会地位的女士主持,这其中有一位颇受欢迎的沙龙女主人是巴夫勒伯爵夫人,她年轻时嫁给巴夫勒伯爵,并在 27 岁成为当时法国权倾朝野的孔蒂亲王的情妇。

巴夫勒夫人尊重和欣赏那些有才华的学者。当她通读了《英国史》并在沙龙谈话中了解到休谟非凡的智识后,便主动写信结交素昧平生的休谟,而休谟也顺水推舟接受她的赞美和好意。两个人迅速建立起了友谊。巴夫勒夫人急于见到活生生的休谟,于是在 1763 年5 月来到了英国。但不知是巧合还是刻意,休谟出门旅行去了,直到巴夫勒夫人返回巴黎后,休谟才回到爱丁堡的家中。

此时的巴黎,卢梭正承受被非难、驱逐,甚至入狱的威胁。原因是在 1761 年到 1762 年间,卢梭出版了浪漫主义书信体小说《新爱洛依丝》,然后是点燃革命导火索的《社会契约论》,再接着是颠覆儿童天性和教育的《爱弥儿》。这三部作品对当时的宗教和社会秩序构成了根本性的挑战。尤其是《爱弥儿》公然挑战教会权威并违抗教义的文字激怒了当局,使得卢梭成为全欧洲最具争议的人物。

法国和日内瓦当局责令烧毁卢梭的《爱弥儿》和《社会契约论》,并向其发出逮捕令。当时卢梭正在孔蒂亲王的保护下,当然也是巴夫勒夫人看重的文人,无计可施的巴夫勒夫人期望英国能收留卢梭,因此在 1763 年 9 月给休谟修书一封,希望休谟帮助卢梭寻找安身之所。休谟早已在文人圈中听说过卢梭的事迹,不论是否真心实意,他都向巴夫勒夫人保证会全心全力安置好卢梭。

在英国未见到休谟的巴夫勒夫人心有不甘,在离开英国时,利用其娴熟的外交手腕,将休谟指定为即将上任的驻法大使赫特福德伯爵的秘书,并在 10 月份赴任法国巴黎。这为他们之后暧昧的感情铺垫了道路,也为卢梭和休谟的世纪大战拉开了帷幕。

卢梭实际上 1762 年 6 月就已经仓皇离开巴黎,并辗转逃到莫蒂埃。这时,休谟尚未离开英国赴任法国,也未曾与巴夫勒夫人谋面,但巴夫勒夫人的恳求让休谟动容,他在自己家中为卢梭准备了一间房子。朋友们的慷慨并没有立即说动卢梭,相对于伦敦的喧嚣,他更热衷于乡下的宁静,卢梭选择留在莫蒂埃。

1765 年,对卢梭的指控和批判越过崇山峻岭来到了莫蒂埃,社会舆论的矛头直指卢梭。愤怒的卢梭以《山中简书》还击对他的指控,他强烈谴责日内瓦当局对他著作的审查,并指控日内瓦当局的独裁统治。针对卢梭的发言,早就和卢梭政见不合的伏尔泰化名写作《公民对"山中简书"的看法》,将卢梭描绘成忘恩负义、铁石心肠、伪善、淫荡之人,指责他背弃了人类情感和宗教信仰。这直接导致当初卢梭和伏尔泰的彻底决裂,激发卢梭立即开始下笔撰写准备已久的《忏悔录》为自己辩护,本书直到卢梭去世才出版。

在当局和牧师们的煽动下,卢梭在莫蒂埃已经很难自保安全,不得不舍弃莫蒂埃,于 9 月份来到圣皮埃尔岛。卢梭非常喜欢这座比埃纳湖中的小岛,打算就在这个小岛上安度余生。然而,仅仅两个月后,联邦议会的命令就下达当地,要求卢梭 24 小时之内立即离开小岛和该共和国的一切直接和间接的领土,而且永世不得重来。

仓皇无措之下,卢梭已经来不及寻找新的避难所,不得不选择朋友们安排好的伦敦,到休谟那里去找寻安全和庇护。他回到巴黎和休谟会合,踏上无法预知的未来。

在巴黎会合

卢梭的《忏悔录》只写了两卷。在第二卷的卷尾,卢梭写道:"我原本想去柏林,而实际上却到了英国。一心摆布我的两位夫人使用诡计把我赶出了瑞士之后,终于达到了她们的目的,把我送到了她们的朋友的手心里。"卢梭所言的"两位夫人"之一就是巴夫勒夫人,"她们的朋友"就是休谟。

根据卢梭就此结束《忏悔录》判断,此后发生在卢梭和休谟之间的恩怨对其内心影响至深,以至于他放弃了撰写第三卷本,以免自己再度重温那段痛苦。其实,在卢梭和休谟会合之初,卢梭就已经开始着手撰写《忏悔录》,并得到休谟的鼓励和支持。事后再看这件事,实在令人唏嘘啊。

1765年12月,在经过各种踌躇和转道之后,卢梭和休谟终于在巴黎会合。次年1月4日,卢梭和休谟踏上了去往伦敦的轮船。这艘轮船看似一艘友谊的小船,载着卢梭对安定生活的向往,也载着休谟的善良、友爱和疑惑(疑惑来自休谟好友霍尔巴赫曾告诫休谟说,他正揽蛇入怀),于13日到达伦敦。

从友到敌的过程

最初,伦敦对于卢梭的到来是兴奋的。他们推崇卢梭的作品,对其厄运表示同情。出版商们争相出版卢梭的著作;记者们在报纸上不啬赞美之词;休谟不仅大力宣扬卢梭的才华和品质,而且还不遗余力地为他申请年金,同时与其好友们着力帮助卢梭找寻新的安居之地。卢梭被包围在赞美和推崇之中,然而这种热烈而喧嚣的情感和氛围绝非卢梭的理想,他更希望迅速回到自然环境之中去。

休谟为卢梭安排了几处住所,都被卢梭以这样那样的原因拒绝了。这个过程令休谟心力交瘁,埋怨卢梭反复无常和想入非非。而另一些曾经质疑卢梭的人窥到了卢梭内心中的敏感、多疑和傲娇,舆论的风头正从对卢梭的崇拜转向对这位流亡者的调侃和讥讽,而这也恰恰是卢梭和休谟之间关系前后判若云泥的开始。那颗深埋的种子终于发芽了。

事态的转变发生在卢梭接受休谟的好意安排,同意到地处柴郡的伍顿庄园定居之时。在去往伍顿庄园的前一夜,也就是 1766 年的 3 月 18 日,卢梭暂住在休谟的家中。晚饭前,卢梭收到沃顿庄园主人的来信,说刚好有一辆空邮车要返回沃顿,正好顺路搭载卢梭,也免得卢梭再行雇车。

崇尚自然和友情平等的卢梭对此心生疑窦:为何会有这么巧的事情呢?卢梭的疑窦后被证实,庄园主人确实善意安排了这辆邮车专门来接卢梭,休谟事前也知道此事。而这一点却正好挑战了卢梭的价值观:"我宁愿过一种清贫的生活,也不愿意像一个乞丐一样靠施舍为生……自己无法防范这种强加的施舍。"

尽管卢梭对邮车事件耿耿于怀,他还是接受安排来到了伍顿庄园。伍顿庄园地处半山腰,极目远眺可看到茂密的森林和稀疏的农田。然而,安静祥和的田园景色并没有让卢梭的心安静,他高速运转的大脑始终没有离开伦敦的喧嚣和对休谟的审判。一幅图画在他大脑中逐渐成形,虚构出一个休谟对其加以精神迫害的完整阴谋。

阴谋核心证据就是 1 月份时有人模仿普鲁士国王给卢梭写的一封极尽讽刺挖苦之意的信件。这封信件在巴黎写就,并在伦敦上流社会中流传,并在 4 月 3 日被刊载上了《圣詹姆斯纪事报》和《不列颠纪事报》。

　　这封伪信像一颗子弹射进了卢梭敏感的心脏,在卢梭心中炸裂。4月7日,卢梭致信《圣詹姆斯纪事报》,强烈谴责伪信制造者及其同伙的令人发指的卑劣行径。在当时伦敦公众人物相互嘲弄为乐的文化氛围中,《圣詹姆斯纪事报》并不认为这是什么大事,但还是刊登了道歉声明,并指出伪信作者是沃波尔。

　　卢梭严密分析了沃波尔在巴黎的行程,发现整个伪信创作过程中,休谟均在场。即使休谟一再否认自己对伪信有任何贡献,伪信合谋者的指控是推脱不了了。至此,在卢梭心中,休谟曾经的慷慨无私变成了隐藏其险恶用心的面纱,其目的无非就是将卢梭骗到伦敦,而后对其进行各种精神羞辱。

　　就此事,休谟多次致信卢梭,在澄清事实的同时,也谴责卢梭对他的污蔑。曾经以理性著称的哲学家们,此刻都忘记了什么是理性,公说公有理婆说婆有理。即使是思想伟大的哲学家也难逃感性和冲动的泥淖。

　　5月2日,英国国王正式签署为卢梭提供一份年金,年金的最终签署令休谟感到喜不自胜。正当他准备为胜利欢呼时,却从朋友处得知,卢梭拒绝了这份年金,并给休谟来了一封被称为“最后一封信”的信件,信中痛斥休谟是伪君子,痛斥休谟令卢梭蒙羞的龌龊之举,并表达了从此老死不相往来的决心。

　　这封信令休谟勃然大怒,失去理智的他在朋友间广泛传播卢梭的忘恩负义,并尽一切能力为自己洗刷清白。休谟认为卢梭正在一步步实施败坏自己名声的大阴谋。

抛弃理性走向疯狂

7月10日,卢梭再次给休谟寄去一封控告信,详细说明了自己的所作所为是在如何刻意讽刺羞辱休谟,这些都是甩给休谟的三个响亮耳光。22日,休谟立即对控告信做出回应。实际上,休谟早在3月份就已经开始调查卢梭的经济状况(那时候休谟和卢梭看起来还是亲密好友,休谟却背着卢梭对其进行调查。这难道是真正友谊的展现吗?)。结合这次对骂,休谟整理出卢梭的"十二大谎言",随时准备公之于众。

至此,一向以性情温和著称的"好人大卫"变得越来越狂暴,逐渐走向了抛弃理性的深渊。正如他曾经描述的卢梭的言行,他将卢梭斥为"存活在这个世界上最龌龊、最凶暴的恶棍,无人堪与其匹敌"!在卢梭的眼中,休谟何尝不是如此呢!

作为旁观者,休谟的好友们对休谟的遭遇深表同情,也对其非理性行为提出劝诫。休谟的表妹斯坦霍普伯爵夫人致信休谟说:"如果有地狱,那个人会滚油锅。而您虽说也不是什么好人,但却不至于下地狱。"斯密和杜尔哥也曾分别写信劝解休谟,一方面认可卢梭是个大坏蛋,另一方面也恳请休谟不要继续将卢梭的无礼和傲慢公之于众。马里夏尔伯爵的建议是:"最仁善也最符合好人大卫名头的做法是置之不理。"

然而,休谟已经变成一个状态极不稳定的"炸药包",而卢梭就是那个随时准备点爆炸药的疯子。在一次次爆炸中,休谟和卢梭将哲人们标榜的"理性"彻底踩在脚下,展示出人类内心的脆弱、虚荣和非理性。

9月,卢梭对休谟的控告刊登在《伦敦纪事报》和《劳埃德晚邮报》上,全文控诉休谟如何伪善,如何将卢梭假意接到伦敦,如何在上流社会中戏谑卢梭,并和卢梭的敌人同仇敌忾,将给安居于乡野之间的卢梭扣上恶棍疯子的帽子。卢梭同时表示,让暴风雨来得更猛烈一些吧,谁怕谁!

卢梭在报纸上的公开宣战点燃了休谟心中再也无法压抑的怒火,遂将"十二大谎言"刊载在了《文学公报》上,并出版了法语版小册子《对大卫·休谟与让-雅克·卢梭之间纷争的一种详实的说明》。英国各大报纸均相继做了摘录,英文版小册子也紧随其后迅疾出版。

吵架吵到这份上,也算是前无古人后无来者了吧。当一个人如此表达自己的愤怒时,可能也正是他向世人展示自己的低劣修养时。此时此刻,休谟一定忘记了自己曾经说过的一句话:"人类社会中再也没有哪种品性比癫狂更危险了。"

《说明》的出版,令休谟的朋友们大为震惊,这也许是个亲者痛仇者快的事情。早已和卢梭画地为界的伏尔泰立即火上浇油,公开写信给休谟,并指出休谟所受到的伤害应该比小册子中描述的有过之而无不及,表示人们需要揭开卢梭丑恶的嘴脸,将其暴露在人性的谴责之下。休谟并没有给伏尔泰回信,但这并不表示他不赞同伏尔泰的看法。

这场不太体面的相互攻讦把他们的朋友们也卷入进来。卢梭的支持者们纷纷化名在报纸上发表支持卢梭的文章;而休谟的朋友们也从无条件支持和善意劝解,转而对休谟有失斯文的言行提出批评。杜尔哥就曾告诫休谟,在这件事上休谟受到的指责和辱骂并不比卢梭少,何不审视一下自己呢?

劫后人生各不同

在这场时代闹剧中,休谟和卢梭都向人们展示了人性中最丑恶的一面,都让人不忍卒读。两位疯狂对决者在这场闹剧中皆无收获,并各自失去了几位曾经的好友。卢梭甚至失去了他认为最亲近的伯爵父亲(卢梭在莫蒂埃结识并相知的忘年好友),在情感上遭受的打击,推动卢梭走向了逃离和妄想的境地。

1767 年 5 月 1 日,卢梭离开伍顿庄园,前往多佛等多地居住。因为经常怀疑有休谟安插在身边的卧底,卢梭不得不继续颠沛流离之旅,直到重返巴黎。卢梭对休谟的恶意始终难于释怀,他想起在伦敦时,画家拉姆齐为他和休谟画的肖像画(图 9.2)。在《卢梭审判让-雅克》中,他称自己的画像看起来像怪物,这全拜休谟的恶意设计所赐。休谟和卢梭的相互攻讦公开持续了一年多,但对卢梭的影响却持续了很久,甚至到了因回忆的痛苦而放弃《忏悔录》写作的地步,直到他1778 年去世。

图 9.2　拉姆齐描绘的卢梭像

卢梭的晚年是在巴黎度过的。在去世前的这段时间里,卢梭的性格有点乖张反常,但思维一直是健全和正常的,其写作活动一直持续到其辞世前一年为止。1771 年 5 月,卢梭因在巴黎公众面前高声朗读《忏悔录》而损毁他人名誉的诉告,受到法官召见。他被告诫要"安分守己"。自此,健康欠佳的卢梭选择了沉默。

执拗的卢梭并不认输,之后继续写作了《卢梭评让-雅克》以及《一个孤独散步者的遐想》,当作对自己人生的总结。1778 年 5 月,卢梭离开巴黎,搬迁到吉尔拉丹侯爵为他提供的埃莫农维尔山庄。来到这里仅仅一个月后,因身体不适迅速离世。

卢梭去世后,随着法国大革命的爆发,他逐渐成为自由、平等和博爱的象征。1794 年,曾经抛弃他、迫害他的巴黎重新将其遗体安放在巴黎的先贤祠。不巧的是,躺在他身边的正是其不共戴天的死敌伏尔泰。

《忏悔录》于1781年出版,成为有史以来具有极高文学价值的唯一一本回忆录,至今畅销不衰。

休谟晚年生活安顺,对于卢梭逃离英国后对他以及画像的揣测毫不知情。在他爱丁堡的家中,始终悬挂着拉姆齐画的这两幅肖像画。在回忆往事时,他承认这件事是他人生中的不幸,他甚至后悔过自己口不择言的回信,更后悔自己曾经公开发表了那篇《说明》。休谟在于1776年死于癌症,在休谟离世前撰写的《我的自传》中,他和卢梭的这场恩怨只字未提。

做个总结

尽管很多介绍性文字说卢梭性格乖张、敏感多疑,导致他最后众叛亲离,失去所有好友,比如伏尔泰、休谟、狄德罗、巴夫勒夫人等。事实并非如此,在卢梭逃亡期间,卢梭身边一直有很多朋友和支持者为他提供居住和旅行的关照。他和朋友们之间友好的谈话和书信来往从未间断。

休谟看到的卢梭,并不是其他人眼中的卢梭。比如,卢梭居住的伍顿庄园的主人达文波特一直是卢梭坚定的朋友和支持者,从卢梭住进伍顿庄园那一刻起,他们之间的友谊就再也没有中断过。达文波特在给他人的信中这样评价卢梭:"如果世人能有卢梭先生十分之一的善良,那么,我们生活于其中的世界将更加美好,更加和平。"

在那个时代,休谟出身良好,性格乐观,身处上流社会,才华横溢,早早获得了应有的思想声誉、社会地位和财务自由,追求文雅的社交生活;而卢梭出身贫寒、经济拮据、内心敏感多疑,追求远离人群的简朴独居生活,尤其是他超越时代的思想,令他与当时的社会格格不入。由此可以看出,休谟和卢梭在生活和思想上几乎没有任何共同之处,这也许是他们之间除了吵架之外,从未有过任何思想碰撞和交流的缘由。

卢梭说:"我为友谊而生。"卢梭心中的友谊是纯洁无瑕的,充满了柏拉图式的理想,既不需要屈尊俯就,也不需要奴颜依附。在巴夫勒夫人最早向休谟求助时的信件中就写道:"(卢梭)害怕任何形式的依赖,他宁可待在法国抄乐谱为生,也不愿意接受其最好朋友的资助。"后来又给休谟写信说:"对于友谊,仅仅作出一些象征性的表示,卢梭就满足了。他严拒任何实质性的帮助。"

由此可见,心智和个性迥然有别的两个人,在巴夫勒夫人的撺掇下不期而遇。一个想展示"好人大卫"的善良,一个急于为安全寻找庇护之所,一个是提供帮助者,一个是寻求帮助者,他们之间似乎没有任何惺惺相惜,建立平等友谊的基础。

对于这场个人恩怨,尽管多数人可能倾向于同情休谟,但笔者更倾向于同情卢梭,同情他对真诚友谊的追求,也同情他被强加施舍时内心的痛苦,更同情他经历这场恩怨之后几乎无法自控的神经。最后,仅以《金刚经》中的一句话送给休谟:"菩萨应如是布施,不住于相。何以故? 若菩萨不住相布施,其福德不可思量。"

第二篇

杰文斯和他重新发现的天才

11

戈森:
史上最悲摧的经济学家

有些经济学家似乎被上帝抛弃,他们在世时提出的原创思想,未能被同辈学人理解、接受和认可。他们终其一生,默默无闻。戈森就是这样的一位经济学家。他提出的边际效用理论是微观经济学的基石,今天任何一个经济学子都耳熟能详。但边际效用理论站到经济学舞台中央,要等到戈森死去的 20 年后。

在经济学说史上,有很多经济学家堪称上帝的宠儿,一生荣华富贵、风流潇洒、万众瞩目,到处是鲜花和掌声。他们的理论得到同辈和后世的肯定,身后有众多拥趸者在追随。他们声名显赫地成为伟大的经济学家,例如富翁李嘉图、神童穆勒、大神凯恩斯等。

但也有一些经济学家似乎被上帝抛弃。他们在世时提出的原创性思想,未能被同辈学人理解、接受和认可。他们在生前没有知音,没有影响,听不到掌声,看不到鲜花,终其一生,默默无闻。他们被同辈人有意或无意地漠视了,有的还受到同辈人的排斥、挤兑乃至打击。等后来遇到了"伯乐",被重新发现时,才获得迟到的荣誉,但他们自己则永远也看不到了。

这样的经济学家颇有几位,今天咱们说说史上最悲摧的经济学家戈森(Hermann Heinrich Gossen,1810—1858),见图 11.1。

戈森的"屠龙刀"是他提出的边际效用衡量产品价值。这是今天任何一个经济学子都要熟记的准则,也就是戈森第一、第二定律。当然,这把刀当时完全没有"屠龙",只是在他死后 20 年,才屠掉了劳动价值论,站到了经济学舞台的中央。

图 11.1 戈森看上去确实不是一副志得意满的样子

如果悲摧的戈森能看到今天,也许内心会有一丝丝安慰。

戈森出生于 1810 年的德国,比马克思大 8 岁,算是同代人。戈森接受过良好的大学教育,毕业后在地方政府做税务官员。他在这个位子上拼搏了 13 年,没有干出什么名堂,在万般无奈的情况下于 1847 年黯然辞职。

7 年以后,也就是 1854 年,他出人意料地倾其所有自费出版了一本书,书名叫《人类交换规律与人类行为准则的发展》,提出了以边际原理为基础的消费理论:戈森第一定律和第二定律,并用几何公式进行了说明。

戈森写道:

1. 如果我们连续不断地满足同一种享受,那么这同一种享受的量就会不断递减,直至达到饱和。

2. 如果我们重复以前已经满足的享受,享受量也会发生类似的递减;在重复满足享受的过程中,不仅会发生类似的递减,而且初始感到的享受量也会变小,重复享受时感到其为重复享受的时间更短,饱和感觉则出现得更早。享受重复进行得越快,初始感到的享受量则越小,感到是享受的持续时间越短。

这段文字经过杰文斯的完善,今天转化为边际效用递减规律,在我们的教材中如 11.2 图所示:

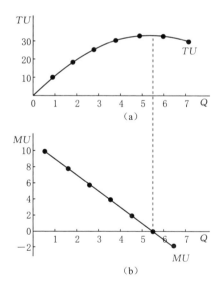

图 11.2　边际效用递减的图示

为了说明随着边际效用的递减,总效用最终会饱和并减少,戈森还举了一个很有意思的案例,就是法国国王路易十五的奢靡生活:他的朝臣和侍从们还用全国的力量,来安排他的宫廷生活,凡是能满足现有体力和智力训练阶段的人的享受的任何东西,都机会不间断地提供给他来享受。这个目标越是接近实现,令人憎恶的路易十五的生活享受总量也必然减少。因为对他来说,全部享受当然早已经超过了享受总量的最大值。其结果是,最后甚至他的情人蓬巴杜夫人(只要能给路易带来享受,她不羞拒任何违反自然的淫戏)也休想摆脱极度的无聊。

戈森非常自信,认为他这本书对经济学来说,就像哥白尼对于天文学的作用一样。遗憾的是,该书出版后的四年中,只卖出了很少的几本,并未出现他所预期的那种广泛关注和热情回应。戈森理所当然地非常失望,也倍感痛苦。

1858 年,愤怒的戈森再也无法承受理想和现实之间的落差,要求发行商停止销售,并毅然收回尚未卖出的书,全部销毁了。不久,他又因为罹患肺病而在贫困交加中去世了。年仅 48 岁,终身未娶。此后,该书就下落不明,湮没人间。

然而,这本彪炳史册的小书并未消失,仅仅卖出的 4 本足以让戈森登上经济学的神坛。这要感谢边际革命的奠基人之一、英国著名经济学家杰文斯。我们今天所学习的新古典经济学开始于边际革命,这是经济学理论的第二次革命,几乎改变了古典经济学的样貌,请参看本书第 2 章"经济学的六次革命"。掀起边际革命的最重要经济学家是杰文斯、门格尔和瓦尔拉斯,被学界称为"边际三杰"。

杰文斯爱好经济学图书收藏,热衷于搜求那些名不见经传的作者们的经济学小册子。待他去世时,他已经拥有数千册经济学著作。1907 年,曼彻斯特大学欧文斯学院图书馆挑走了 2 400 本书,伦敦大学学院图书馆选走了几百本书,其余的由杰文斯的儿子继承并最终送给阿拉哈伯德大学经济学图书馆。正是这种爱好加上杰文斯博大的胸怀,才让我们后人有幸了解到戈森、古诺、坎蒂隆等经济学家的伟大思想。

话说,在戈森去世后的第 20 个年头,即 1878 年,杰文斯在朋友家里看到了关于戈森著作的介绍,发现并确认其边际思想早于自己。于是,他在再版《政治经济学原理》时,系统介绍了戈森的学术思想,详细阐述了戈森学说的科学价值,充分肯定了戈森在边际分析中所作的开创性贡献。

图 11.3 胸襟坦荡的杰文斯

杰文斯不愧为大师!他光明磊落,胸襟坦白,把首创边际分析的功劳,如实地归之于戈森,使被埋没了 20 多年的戈森,终于进入了学人的视野:其著作开始有人阅读,理论逐渐被人们理解,学术影响不断扩大。1889 年,戈森的著作重印发行。1997 年,中译本由北京商务印书馆出版。当我们一睹大师迷人的风采时,绝不要忘记向杰文斯致敬!(图 11.3)

12

古诺:
历史上第一位数理经济学家

古诺首先提出了边际分析方法,但40年后才终于得到了边际效用学派的认可和接受,并被公认为经济学说史上第一位数理经济学家。古诺因为出版过几部微积分、概率论和哲学论著,而享有数学家和哲学家的盛名。迟来的荣誉没能延长他的寿命,没多久古诺就撒手西去了,身后留下一世功与名。

第 11 章说到,史上最悲摧经济学家戈森的悲惨生涯。若不是杰文斯光明磊落的胸怀,戈森也许早已湮没在历史长河中,永无站上神坛的机会。想必戈森在坟墓中也会激动地爬出来感谢杰文斯,杰文斯无疑是从故纸堆中寻找宝藏的人。其实,要感谢杰文斯的不止戈森一人,数学家兼经济学家安东尼·奥古斯丁·古诺(Antoine Augustin Cournot,1801 年 8 月 28 日出生于法国格雷,1877 年 3 月 31 日在巴黎逝世)就是其中之一。他在经济学数理研究的道路上出发太早,以至于遇到很多开荒者的坎坷和绝望。

古诺在 1821 年考入巴黎高师,这所学校一年之后就关闭了。古诺继续留在巴黎准备数学资格的考试,其间,他与德国数学家迪利克里成为好友,共同师从拉普拉斯和拉格朗日。拉普拉斯将数学视为生命,而拉格朗日则将数学看作好玩的游戏。

1823 年,古诺成为圣西尔元帅的写作助手,并为这个家庭工作了 10 年之久。在这段时期,古诺不仅研究数学,而且发表一些有关哲学和历史的文章,引起了数学掌门人泊松的注意。1838 年,泊松健康状况恶化,便提名古诺代替他授课(图 12.1),这应该是当时法国数学家所能享有的最高荣誉了。

也就是在这一年,古诺用数
学家的语言出版了一本非常晦涩
难懂的书,书名是《财富理论的数
学原理研究》。在这本书中,古诺
讨论了财富的概念,认为财富是
个人所拥有的所有使用价值的总
和,而社会总收入是整个社会全
部交换价值的总和。他还提出了
连续的需求函数形式。这本书中
最重要的部分可能是,古诺首先
应用微积分进行了经济学分析,

图 12.1 泊松钦定的接班人古诺

尤其是关于垄断和成本的分析。这成为我们今天经济学教材中分析
寡头行为的重要模型。

幸运的经济学家各有各的幸运,不幸的经济学家遭遇却大都相
同。晚于古诺的这本著作 16 年后,戈森于 1854 年出版《交换规律的
发展和人类行为的准则》。这两位以数学方法研究经济学的数理经
济先驱者遭遇了同样的命运:古诺的著作并没有在经济学界激起任
何浪花,或者说根本无人理睬。这对才高气盛的古诺来说,简直就是
当头一棒,几乎郁闷到生死诀别的地步。幸运的是,他还有他挚爱的
数学,他最终选择了远离经济学。

越是得不到的,就越是难于割舍。与经济学分手之后,古诺常常

在深夜怀念自己的经济学梦想。终于在分手 25 年之后,古诺难忍诱惑,重新将经济学拥入怀中。

这一年,他已经 76 岁高龄。再次出发的古诺才思奔涌,撰写了《经济学说简评》(1877)。为了提高可读性,这次他接受以前的教训,放弃数学语言,改用文字表述,使出洪荒之力想让这本经济学教材看起来喜闻乐见。然而,数学家的语言总是贫乏无趣的,古诺这次的努力再度归于失望,书仍然卖不出去。

据古诺晚年自述,他认为自己是法国唯一的经济学家,但是却没有得到任何人的引述。晚年的古诺双目失明,但他的大脑从来不曾休息。他总是手里拿着他的鼻烟壶,一坐就是几个小时,默默地推演他的经济学理论,却无法付诸笔端。据说,如果古诺能够继续写作 10 年,他不仅不会被埋没,而且经济学世界里可能不需要瓦尔拉斯或费雪的出现。

从 1838 年古诺发表著作,到 1876 年边际革命爆发,中间有 40 年的时间。这段时间属于小穆勒时代,主旋律不是数理经济学,而是欧洲革命和社会主义运动。学过经济学的都知道,边际思想(边际效用等)与心理学分析密不可分,而古诺提出的边际思想超越了时代。需要一场先行的心理学革命,来促发之后经济学上的边际革命。

幸运的是,边际革命终于来到人世间。在古诺临终之时,杰文斯再次出手,拯救了活着的古诺,公开肯定其边际分析的思想,亲手将其推上神坛。古诺在 40 年前提出的边际分析方法,终于得到了边际效用学派的认可和接受,并被杰文斯、瓦尔拉斯、埃奇沃思等数理经济学家公认为经济学说史上第一位数理经济学家。

　　古诺除了获得第一位数理经济学的美誉外,他还因为成功出版几部微积分、概率论和哲学论著,而享有数学家和哲学家的盛名。就此而言,古诺比戈森幸运,他是在活着的时候被经济学界发现的。然而不幸的是,迟到的荣誉并没有延长他的寿命,没多久,古诺就撒手西去了,身后留下一世功与名。

13

杰文斯:
冰火两重天的短暂学术生涯

杰文斯的时代恰恰是斯密—李嘉图—穆勒学术线路发展到顶峰的时代,也是社会主义思潮风起云涌的时代。那时候的英国大学课堂上,如果有人胆敢批评穆勒学说,必然招致不屑和愤恨。在这样的情形下,杰文斯石破天惊的效用价值论就如同闯入玉皇殿的孙猴子,被刻意回避和漠视已经是最好的结局了。

英雄落难时,斯坦利·杰文斯总是能慧眼识珠,施以援手,还英雄以功名。然而,杰文斯虽然能够发现许多长期被湮没的经济学家,还他们以公道,但他自己却不能摆脱被无视的命运,也曾在生前苦苦等待自己的知音。

杰文斯出生于 1835 年,比马歇尔年长 7 岁,比埃奇沃思年长 10岁,是马歇尔参加剑桥大学 1874 年伦理学学位考试时的监考人。那是杰文斯第一次到剑桥大学,也是马歇尔和杰文斯的唯一一次邂逅。1875 年,凯恩斯的父亲内维尔·凯恩斯也参加了伦理学学位考试,杰文斯再次成为内维尔的监考人。

坎坷落寞的经济学生涯

杰文斯从求学时起就颇不顺利。他 16 岁进入伦敦大学读化学和植物学。其间,因父亲的企业破产而被迫辍学,远渡重洋到澳大利亚当试金师。当他辛劳 5 年挣够了学费,重返大学校园,申请政治经济学奖学金时,又因与教授的意见不合而告吹。

后来,他似乎时来运转,获得了大学硕士学位。1866 年 5 月,他被任命为曼彻斯特大学欧文斯学院的逻辑学、精神学和伦理学教授以及政治经济学的科希登讲座教授。1876 年他成功获得伦敦大学学院政治经济学教授职位。但他的教学并不受欢迎,杰文斯的一位同事说:"再没有像他那样蹩脚的讲授者了,人们不愿听他的课。他充满热情地工作却不能彻底完成任何事情。"杰文斯讲授自己的创见时,学生目瞪口呆如坠烟雾之中。为了避免学科考试全军覆没的危险,杰文斯课上不得不主要讲解他所强烈反感的穆勒学说,这让杰文斯倍感痛苦。在给伦敦大学学院的退休报告中,杰文斯写道:"……多年以来,当我走进教室的时候,总摆脱不了是在走向颈手枷的感觉。"

除了教学之外,杰文斯的经济学理论研究也是所遇皆坎坷。1862 年时,杰文斯将《对政治经济学一般数学理论的介绍》递交给英国科学促进协会,尽管杰文斯对此寄予厚望,但没有引起任何注意。直到 1866 年,此文才在《统计学杂志》上发表,结果仍然是泥牛入海。1871 年,此文思想终于完整表述在《政治经济学原理》中,却只收获了负面评价。尽管杰文斯生前笔耕不辍,先后出版了《煤炭问题》《科学的逻辑》《太阳周期与谷物价格》《政治经济学原理》等 9 部主要著作,但这 9 部著作直到 1936 年也仅售出 3.9 万册。此外,加之他几乎没有嫡系门生,从而没有形成杰文斯学派,也就没有人解释、传播和捍卫杰文斯的经济学学术思想和地位,他的学术贡献难免落入被湮没的境地。

杰文斯生性内向敏感,不易与人相处,容易陷于沮丧之中,总是为自己的健康而心神不安。音乐、游泳和独自散步自始至终是他最喜欢的放松方式。从早年起,他就被肝病、消化不良和便秘所困扰着,这些病痛后来变得非常剧烈,以至于经常打断他的工作。1880年,杰文斯44岁时,因无法忍受病痛而辞去教职。两年后,在英国南部度假游泳时溺水而亡,年仅47岁,比戈森还小两岁。

关于《政治经济学原理》的命运

现代经济学界认为,杰文斯在1871年出版的《政治经济学原理》,具有打破偶像崇拜的特色,许多地方写得才华横溢,充满了原创精神,是公认的边际革命标志性著作。他站在以斯密—李嘉图—穆勒为代表的古典客观价值理论的对立面,利用数学和图表作为工具,提出了主观效用价值论和边际分析方法。

正如凯恩斯在纪念杰文斯诞辰100周年的典礼时所说,他具有"永远蕴含丰富而又独创性的大脑","《政治经济学原理》是第一本以完整形式提出价值的主观评价、边际原理以及这一学科中现在常见的代数和图示技术的论著。这是经济学的第一本现代著作"。然而,该书刚出版时却没有受到时人的认同。

据说,当时只有两篇重要的评论,并且都是负面的。其中一篇是老一代经济学家阵营中的凯尔恩斯(注意:不是凯恩斯)发表在《星期六评论》上的,大意是说,该书艰难晦涩,没有什么价值。另一篇是新一代经济学家阵营中的翘楚马歇尔1872年4月1日发表在《学术界》上的,结论是:"即使我们深入阅读此书,也不会发现确有新意的重要观点。"

对于这两篇评论,杰文斯嗤之以鼻,他在给友人的信中说:"没有什么评论价值,不值得你去劳心注意它。"到了1874年,杰文斯还写道:"我并不清楚我的观点是否被某个什么英国著名经济学家接受了,但的确有些人对它们另眼相待,是一些涉足这一学科的年轻的数学家和经济学家。"

凯尔恩斯和马歇尔都是当时经济学界的头面人物。他们的否定性评论,无疑封杀了杰文斯。难怪熊彼特慨叹:"杰文斯谦恭的一生中,从未获得能同其重大成就相称的名声。"他还推测,这可能与马歇尔一贯低估"杰文斯革命"有关。杰文斯(还有门格尔和瓦尔拉斯)推动的是一场"革命",但距它真正得到承认,整整超前了20年。

就杰文斯在书中的原创,马歇尔和杰文斯之间的恩怨一直不断,原因是两个人都认为自己是工资和地租原理的原创者。在发现了戈森、古诺等人的思想之后,杰文斯说:"……我的理论的主要观点早在1862年就已完整地表述出来了……同样,在我1871年的书中,我也不可能从马歇尔那里借用了些什么。不过,既然我们现在已经发现了早至戈森、古诺、杜普特等人的著作,再来讨论这个问题已经意义不大或者根本就没有意义了。"但是马歇尔却坚持自己的原创性,以至于杰文斯去世8年之后,马歇尔在其《经济学原理》中,也只是勉强提到了杰文斯。

被湮没的可能原因

上述文字描述的是杰文斯在经济学领域被刻意回避的落寞。杰文斯的时代恰恰是斯密—李嘉图—穆勒学术线路发展到顶峰的时代,也是社会主义思潮风起云涌的时代。那时候的英国大学课堂上,此起彼伏的是穆勒学说的回声。如果哪位胆敢批评穆勒学说,必然招致不屑和愤恨。在这样的情形下,杰文斯石破天惊的效用价值论,就如同闯入玉皇殿的孙猴子,被刻意回避和漠视已经是最好的结局了。所以,即使在杰文斯自己的教室里,他讲授的仍然是他极端厌恶的穆勒学说。

杰文斯对穆勒的厌恶近乎偏执,认为正是斯密—李嘉图—穆勒路线阻碍了经济学的发展,经济学的发展应该是斯密—马尔萨斯—西尼尔线路,穆勒如日中天的地位正是经济学步入歧途的佐证。在《政治经济学原理》第二版(1879 年)序言中,杰文斯断论:"当经济学的正确体系最终趋于建立的时候,就会发现,滥用才华的李嘉图使经济学误入歧途,而他的崇拜者,同样滥用才华的约翰·斯图亚特·穆勒则在这条歧途上越走越远。有些经济学家,像马尔萨斯和西尼尔,对正确的学说(虽然还没有摆脱李嘉图式的错误)有着好得多的理解力,但由于李嘉图—穆勒学派的团结一致与影响力,他们大受排挤。在经济学中从头再来是一项繁重的工作,对此,那些盼望经济学能有所进步的人决不应畏缩不前。"

经济学界对杰文斯经济学说的漠视直到奥地利主观主义经济学家加入圣战后才扭转乾坤，将杰文斯推上"边际三杰"的宝座。或许说，杰文斯被重新发现和推崇得益于奥地利学派的参战，杰文斯实际上仅仅完成了一半的工作；而奥地利学派不仅把主观价值论扩展到消费品领域，而且还扩展到了资本品和中间品领域；而后来加入的瓦尔拉斯提出的一般均衡理论则更透彻地展现了价值和效用之间的关系。由此可见，杰文斯开创性地凿开了巨石，而真正雕刻石头使其完美呈现的是门格尔和瓦尔拉斯等人。

凯恩斯曾经这样评价杰文斯和马歇尔："杰文斯看到水壶在沸腾，兴奋得像一个孩子那样大喊大叫，而马歇尔却默默地坐到一旁，开始建造一台发动机。"这句话对杰文斯的评价入木三分，杰文斯在边际革命中的贡献就如同那个发现水壶沸腾的孩子，大叫着"水开了，水开了"，却没有将水开了的机理分析透彻，更没有利用水开了的机理建造什么设备，而这些马歇尔做到了，这也部分解释了马歇尔和杰文斯之间的首创之争。

落寞掩不住的辉煌

然而，这并不是说杰文斯一生坎坷，这只是说在经济学的疆域内，作为拓荒者的杰文斯没能在活着的时候看到效用价值论和边际分析被浇筑在青铜器上，被铭刻在大理石上，被闹市和殿堂传诵。事实上，作为一个精于统计和逻辑的学者，杰文斯的荣誉来得不仅早，而且辉煌,足以抵得过在经济学界遭遇的落寞。

杰文斯在有生之年,除了写那9本主要著作之外,还写了一些通俗读本和逻辑学的著作,这些著作对穆勒学说毫无撼动之险,因此获得了广泛的接受。截至1936年,他的《逻辑学初级教程》售出了13万本;《逻辑学入门》售出了14.8万本。据此销售数量可以推断,在1870年后的半个世纪中,杰文斯的逻辑学著作是英国及其属地炙手可热的畅销入门教材。

所以,尽管杰文斯在经济学领域被忽略了,但是在逻辑学上的成就有目共睹。到1872年时,杰文斯就被接纳为皇家学会的成员,他是继威廉·配第爵士之后第二位获此殊荣的经济学家。1874年,他成为政治经济学俱乐部的一员。可以推测,如果杰文斯不是"出师未捷身先死"的话,那么在他60岁时,在边际革命的高潮到来时,一定是经济学疆域中指点江山的豪杰,也一定获得不亚于马歇尔和凯恩斯的荣光!

戈森和杰文斯皆属早逝,都没能活到世人传颂的那一天,这似乎是在提示我们,活得长是多么的重要!(请看本书第31章"经济学家告诉你活得长有多重要")

第三篇

凯恩斯和他的时代

14

霍布森:
启迪凯恩斯的先知

"我们的目的是表明社会的储蓄习惯可能过度了,而这种过度储蓄会使社会日益贫困,令工人失业,拉低工资水平,使沮丧情绪蔓延,令商业世界的动力衰竭,并导致众所周知的贸易恶化。"在凯恩斯经济学尚未诞生,古典经济学尚在盛行的当时,这不啻是在"欧几里得几何"经济学家中炸响的一颗惊雷。

古典经济学始终坚持了对孟德维尔的批判态度。经过一个世纪之后，马尔萨斯再度提出有效需求不足的观点，但仍未被学界接受。这一观点一直蛰伏着，直到又一个世纪之后霍布森的出现（John A.Hobson，1858—1940）。霍布森年轻时在牛津大学接受教育，之后在公立学校教书7年，再之后在工人进修学校教书10年，再然后失去工作，再然后成为记者，大量撰写畅销书、时评和文章，去世前撰写了超过50本专著，影响力跨越经济学界进入大众领域。

霍布森在1889年与马莫里（Albort E.Mummery，1855—1895）合作出版了《工业的机理》（*The Physiology of Industry*），书中称："我们的目的是表明社会的储蓄习惯可能过度了，而这种过度储蓄会使社会日益贫困，令工人失业，拉低工资水平，使沮丧情绪蔓延，令商业世界的动力衰竭，并导致众所周知的贸易恶化。"看到这句话，大学一年级就被凯恩斯经济学灌满的读者大脑中，一定立即推演出了过度储蓄和消费不足导致总需求不足的凯恩斯逻辑。但是在凯恩斯经济学尚未诞生，古典经济学尚在盛行的当时，这不啻是在"欧几里得几何"经济学家中炸响的一颗惊雷。

霍布森当时在伦敦一所学校讲授经济学和文学的进修课程。此书暗示的只有先增加需求才可能增加实际资本数量的说法招致四面八方的非议,并直接导致其失去教职。霍布森对当时盛行的古典经济学的批判不仅于此,他还批判了边际效用的概念、资本与劳动的流动性、对市场的完全知识等很多观点。在此之前,经济学概念和经济学研究极少受到如此激烈的批判,这事激怒了埃奇沃思。埃奇沃思当时是伦敦国王学院的教授,认为霍布森罪不可恕,深恶痛绝欲杀之后快,讥讽这本书"就像是在证明地球是扁的一样荒唐",并一手主导了对霍布森的驱逐。这时候凯恩斯才6岁,完全不知道发生的一切,也不知道自己未来要尊霍布森为先驱。

幸运的是,凯恩斯在1913年看到了这本书,并惊喜地发现它"于我心有戚戚焉":"一个人在读霍布森的这本新书时,难免会产生一种复杂的感情:一方面希望看到一些令人兴奋的新观点,从独立的个人立场出发对正统理论展开的富有成效的批判;另一方面担心看到许多诡辩的、充满误解的、悖谬的观点。"1936年,凯恩斯在《通论》中公开表达对霍布森的钦敬之情,称赞其"50多年来,以百折不挠之勇气和热诚,著书立说攻击正统经济学……今日已经完全被人遗忘。但在某种意义上来说,该书之出版在经济思想史上是划时代的"。

霍布森的遭遇恰恰说明,新观点、新理论得到社会接受需要特定的经济社会背景。凯恩斯提出总需求不足来痛击自由主义的古典经济学为何会成功,很大原因是它出现在自由主义遭遇困境无法自我救赎的大萧条时期,出现在人们开始怀疑古典理论并期待新的理论的时刻。经济社会的现实为凯恩斯经济学大行其道开拓了道路。反观孟德维尔、马尔萨斯、霍布森提出消费不足时的那个时代，正是资本主义繁荣大发展的时期。在前进与昌盛之中，谁会怀疑自己正在履行的经济理念是错误的呢？也恰恰如此，才能反衬出他们的先知先觉和原创性。

说句题外话，很多经济学家似乎在冥冥之中彼此呼应。比如，哈奇森是自由主义经济学家斯密的老师，批判了得到凯恩斯推崇的孟德维尔，而200年后，凯恩斯却批判了斯密引领的古典经济学。再比如，埃奇沃思给霍布森穿了小鞋，而凯恩斯却尊霍布森为先驱。很巧合的是，哈耶克作为后辈主动接触凯恩斯时，竟然是写信向凯恩斯要一本埃奇沃思的《数理经济学原理》。而哈耶克在后来评价孟德维尔时，却认为孟德维尔是斯密自由主义思想的渊源之一。这种丝丝缕缕的牵涉真让人着迷，这也是看经济思想史的有趣之处吧。

15

凯恩斯一统经济学江湖

凯恩斯的《通论》对古典经济学展开了指名道姓的批判，激起了轩然大波，一场经济学的混战开始了。各种争论此起彼伏，最后以凯恩斯战队胜出为结局，《通论》在理论界实现了一统江湖的大梦。二战后，凯恩斯的疆域进一步从理论界扩展到政策制定者那里，一直扩展到整个资本主义世界的每个角落。

凯恩斯在经济萧条期,在资本主义生死存亡的关头,创新性推翻前人的自由市场经济理论,提出需求管理的理论,认为政府再也不能只做"守夜人"和"看门狗",要担起救国救民的责任,在萧条期增加支出,以此促进就业。同时,凯恩斯也警告那些坚持个人自由高于一切的大英帝国子民,如果政府不去弥补私人投资的不足,资本主义必将走向灭亡。

凯恩斯的这些思想全部体现在 1936 年出版的《通论》中,这是一本极其晦涩难懂、充满各种自创新名词的著作。凯恩斯这样做的原因大概是高傲的,他在书中第一章就写道,"这是写给同行经济学家的一本书",在该书的第二章中,凯恩斯就对古典经济学(凯恩斯将在他之前的经济学都称为"古典经济学",也就是自由市场经济理论)展开了指名道姓的批判,一下子就掀起了轩然大波,一场经济学的混战开始了。

全世界的杂志和大众媒体都对该书作了大量评论,人们各执一词,尽管如此,这场争论中却没有一个人把凯恩斯一棍子打死。这不仅是因为凯恩斯本人是个能言善辩的天才,而且也反映出西方理论界和我国理论界特别不同的地方——他们开放的胸怀,愿意看到新思想的出现,愿意通过争论推动理论的发展;没有任何一个权威机构会发表谁对谁错的定性判断,所有的经济学家的争论会逐渐将结果推出水面。

凯恩斯在书中对其老师马歇尔冷嘲热讽,对庇古也是毫不留情。这深深伤害了庇古,他在 1936 年 5 月号的《经济学杂志》上对《通论》进行了"最令人惊骇"和"最吹毛求疵"的评论。庇古说爱因斯坦在物理学上的成就使得牛顿的研究成果成为一个特例,但是爱因斯坦在宣布自己的成果时,并没有用不加修饰的刺人语言暗示牛顿的追随者是一帮庸才。

庇古在质疑凯恩斯理论的同时,明显对凯恩斯的道德也进行了质疑。凯恩斯对庇古的质疑只当做是"不可容忍的废话",是"老糊涂"写的东西。随着凯恩斯理论逐渐被接受,人们不再对庇古的观点感兴趣,原因是凯恩斯说了句外行也懂的话。他说古典经济学在实践中"毫无用处",这吻合了萧条时期知识界和大众的情绪。

同时,理论界的大牛霍利特、汉德森等人在 1936 年的马歇尔协会会议上和凯恩斯展开了激烈的理论争论,具体争论的焦点在于汉德森对不变价格和不变利率的反对(这一点,就是宏观经济学教材中讲到的凯恩斯定律),认为任何情况下增加需求,价格必然上升,并对凯恩斯的"流动性陷阱"提出质疑,认为根本不可能存在。他们来回书信也争论了好几次,最后凯恩斯实在厌烦了,争论才停止。

罗伯逊也参与了争论。争论如火如荼时,罗伯逊作为教学管理者,甚至决定停掉凯恩斯的大护法罗宾逊夫人的课程。罗宾逊夫人本来就不讨人喜欢,她总是在教室里将凯恩斯的观点诠释为救世主的话语,将凯恩斯奉若神明。罗伯逊不仅和凯恩斯吵,还和凯恩斯整个战队吵,特别是和罗宾逊夫人的争吵,这导致他几乎精神崩溃,无法承受而离开剑桥,去了伦敦大学做教授。

各种争论此起彼伏,古典经济学家纷纷在战场上壮烈牺牲。令人惊奇的是,曾经和凯恩斯掀起世纪之战的哈耶克,却在《通论》面前保持了沉默。多年以后,当有记者问及此事时,哈耶克并未解释自己为何没有参战,而是说:"如果我当时批判《通论》的话,世界可能不是这个样子了。"哈耶克心中或许有遗憾,然而,多年前,当他在凯恩斯阴影下遭受世人的冷落时,没有人听得到他的声音,那时的他,未必不想迎战,而是无法迎战。

最后的最后,争论以凯恩斯战队胜出为结局,《通论》很快就在理论界实现了一统江湖的大梦。帮助凯恩斯一统江湖的是英国牛津大学的希克斯、哈佛大学的汉森等人,通过他们的解读,凯恩斯大帝的思想不仅被年轻学子接受,并最终被"经济学界最后一位通才"萨缪尔森收进了他1948年出版的《经济学》教材萨缪尔森《经济学》上册讲述被凯恩斯骂得一无是处的古典经济学自由市场价格理论,下册讲述凯恩斯主义经济学。这种经济学教材结构一直沿用至今。

二战后,凯恩斯的疆域从理论界扩展到政策制定者那里,一直扩展到整个资本主义世界的每个角落。到1965年12月,《时代》杂志把"年度人物"的荣誉颁给了凯恩斯,凯恩斯从此正式进入经典殿堂,地位堪比比萨斜塔和蒙娜丽莎的微笑。《时代》杂志这样赞誉凯恩斯（当时已经离世近三十年）："华盛顿制定国家经济政策的人们,利用凯恩斯主义原则,不光避免了战前岁月的暴力循环,还实现了惊人的经济增长和极其稳定的物价。"理论界对凯恩斯的崇拜到达顶峰,与人聊天如果不提及凯恩斯,那根本就是令人脸红的无知。即便是华山论剑败北的哈耶克也承认："哪怕你认为他的经济学既错误,又危险……即使他的名字从未载入经济学,所有知道他的人都将之视为伟人。"

16

凯恩斯 vs 哈耶克:
经济学史上至今未决的华山论剑

经济学说史上最著名的华山论剑发生在凯恩斯和哈耶克之间。作为干预主义和自由主义的江湖领袖,两位大侠在 20 世纪 30 年代的英国,展开了一场笔枪纸弹、金鼓连天的世纪之战。在这场论战中,凯恩斯几乎兵不血刃地奠定了九五之尊位,而意气风发的后生之辈哈耶克,却落得个败走麦城、铩羽而归。

经济学说史上最著名的华山论剑,发生在凯恩斯和哈耶克(Friedrich August von Hayek,1899—1992)之间。作为干预主义和自由主义的江湖领袖,两位大侠在 20 世纪 30 年代的英国,展开了一场笔枪纸弹、金鼓连天的世纪之战。在这场论战中,凯恩斯几乎兵不血刃地奠定了九五之尊位;而意气风发的后生之辈哈耶克,却落得个败走麦城、铩羽而归。

图 16.1　凯恩斯(左)与哈耶克(右)

　　然而,好运不怕晚,loser 变男神。40 年之后,江湖风云大变,以诺贝尔奖获得者身份再披战袍的哈耶克,倏忽间衣朱带紫、一统天下,英美首脑无不言听计从,曾经的耻辱风吹云散,微笑抬手间,凯恩斯的魂魄已然不知所踪。

　　话说年轻时的哈耶克,经历颇不得意,在学堂里成绩不好,两次被学堂驱赶出门。后时逢世界大战,哈耶克励志从军,期望在军中斩获成功,谁知却仅在战争几近结束时四进鬼门关。顶着被弹片打裂的头骨,哈耶克两手空空地回到了家乡维也纳。

　　这时候的凯恩斯,学识渊博、风流倜傥,江湖威望日渐声隆,已经代表大英帝国参加了巴黎和会,并为反对《凡尔赛合约》写出了《和平的经济后果》。这本小册子在江湖上广为流传,得者无不心生同感,凯恩斯的辉煌已是指日可待。

　　奥地利的哈耶克面对的只是满目疮痍的故土和穷困潦倒的人生,好歹得到资助到美国纽约大学求学,却因囊中羞涩而各种困顿。但新生活的曙光还是照耀在他身上,经济学殿堂温暖着他久居困顿的心,商业周期的问题激励着他不断寻找诗和远方。然而,好景不长,一年之后资助到期,哈耶克在经济上无以为继,只好返回了家乡。

　　1924 年,回到家乡的哈耶克入职奥地利政府打杂,有幸遇到欧洲派掌门米塞斯,在其门下勤学苦练。个人主义的思想氤氲环绕下,集体主义是一尊伪神的思想在他心里开始生根发芽,只待春风来时给他个百枝舒展的机会了。

此时的凯恩斯，正在英国面对百姓失业的局面。外表绅士、内心桀骜的凯恩斯萌生颠覆古人的思想：政府理应雇用失业工人建设公共工程，并发行债券降低利率，同时维持英镑兑美元汇率。凯恩斯力谏政府大胆尝试新功法，《自由放任的终结》也逐渐在脑海中酝酿成型。干预主义大旗眼看就要迎风招展。

1926年，哈耶克手书凯恩斯，请求埃奇沃思的《数理心理学原理》，看似求知若渴之举，实则是刻意接触的莽撞后生之为。凯恩斯却并不接招，只回复了一句话："很抱歉，我也没有多余的《数理心理学原理》。"开战前的试探，哈耶克全败。哈耶克知道日渐位尊的凯恩斯；凯恩斯却不知无名之辈哈耶克，更不知一场蓄意的战争正在酝酿之中。

1928年，等待已久的机会出现了。凯恩斯受邀参加"伦敦剑桥经济服务中心"召开的会议，会议结束之际两位历史巨人相遇了。素未谋面的两人几乎没有什么寒暄，就开始了一场唇枪舌剑。对于哈耶克，这也许是力图实现谋划已久的庞大野心；而对于凯恩斯，不过是和自由主义侠士们的又一场惯常论战。当时的人们也许没有意识到，一场持续一个世纪之久的思想大战就此悄悄拉开了序幕。

1931年，江湖崭露头角的哈耶克来到伦敦经济学院，名为捍卫伦敦经济学院的学术地位而助罗宾斯出战剑桥大学的凯恩斯，实则为自己在经济学江湖上夺得一席之地，甚或是为了战败凯恩斯，树立统领江湖的尊位而战。哈耶克早有盘算，在论战中铸就无上声望，借着这声望衣锦还乡，出任奥地利国家银行的行长，老年之后出任大使再度荣返伦敦。为着这个梦想，年轻的哈耶克宝剑出鞘，先发出招了。

伦敦经济学院为哈耶克安排了四场讲座，第一场就安排在了凯恩斯的大本营，剑桥大学的马歇尔经济学会。初来乍到的哈耶克不知江湖深浅，踌躇满志地登上了演讲台，操着令人难懂的奥地利口音英语。哈耶克在紧张气氛中，竟将四场讲座的内容全部在一场讲座中抖落干净了。台上的人挥汗如雨，台下的人呆若木鸡。

对于哈耶克提出的总需求和就业之间没有直接关系的理论，信奉凯恩斯的听众们陷入了不知所云的静默中，现场彻底悄无声息。为了打破沉默，善良的卡恩站了起来："您的意思是，要是我明天出门买上一件新大衣，反而会增加失业吗？""是的！"哈耶克斩钉截铁："要用非常复杂的数学论证解释原因。"台下再次陷入沉默。

出师不利的哈耶克并不气馁，回到伦敦经济学院继续剩余的三场讲座。哈耶克讲座的核心思想是："第二场：货币没有内在价值，货币仅仅影响不同商品之间的相对价格；第三场：储蓄决定了投资，不应鼓励消费，无根据的借贷增加随着时间推移会导致资本品生产过程混乱，使得经济周期崩溃；第四场：货币应保持中立，中央银行应审慎借贷。"

哈耶克的讲座在伦敦经济学院迎来了热情的掌声。终于有人对凯恩斯的干预思想给出了令人信服的反驳，罗宾斯深表满意，相信哈耶克有能力说服英国民众信服自由主义思想，战败凯恩斯，将伦敦经济学院推上英国经济学权威的巅峰，因此立即授予哈耶克"图克经济学和统计学教授"职位。

高手对决,一触即发。

1931 年 5 月,哈耶克在伦敦经济学院学报《经济学刊》8 月号上发表激烈批评凯恩斯《货币论》的文章。哈耶克急迫地想在英国学术江湖上奠定自己的地位。彬彬有礼的批评一定不会引起凯恩斯的注意。而狂风骤雨般的尖刻评论才有可能成为飞向凯恩斯的尖刀,引发撼动江湖的理论大战。这只有在此战中胜利,才能实现自己谋划已久的蓝图。

哈耶克明褒暗贬的颂扬、火药味十足的批判、穿插其间的人身攻击彻底激怒了凯恩斯。凯恩斯强压怒火看完哈耶克 26 页长的书评,并标注出 34 处需要反驳之处,大笔一挥写就《对哈耶克博士的回复》,指出哈耶克的批评完全源于哈耶克的愚钝、奥地利学派不思进取的守旧思想,以及哈耶克本人莫名其妙的小题大做。

凯恩斯的迎战让整个学术界都张开了八卦的眼睛。老人们叹息凯恩斯有失绅士风度、充满人身攻击的论战有失体统,庇古教授认为这将是两败俱伤的错误;而那边厢的罗宾斯却喜上眉梢,渴望矛盾激化,让伦敦经济学院和他的学刊从此独占鳌头。

争论常常令人失去方向。原本打算继续对《货币论》展开批判的哈耶克,面对凯恩斯居高临下傲气十足的回应乱了阵脚,放下《货币论》转而回复凯恩斯的反击。就这样,高手过招也会招数大乱,这样的信件来回 6 封,全部登载在罗宾斯窃喜着印发的《经济学刊》上。争论的话题围绕凯恩斯自创的各种资本和投资名词、价格理论、货币是否中立、是否应鼓励消费、政府支出是否合理，其核心是自由和干预到底谁对谁错。

凯恩斯最终还是厌了，后生哈耶克期待的旷日持久的战争被凯恩斯的厌倦终止了。凯恩斯恼怒地指出："他的理论全是垃圾……一派胡言乱语……你不要指望我会完全接受你书中的观点……天知道什么是商业周期……"

巨人们的论战并未停止。哈耶克的弟子勒纳找到凯恩斯的战将罗宾逊夫人和斯拉法，希望年轻一代继续决斗，后者欣然接受了邀请。然而，令哈耶克弟子后悔的是，罗宾逊夫人的论辩青出于蓝而胜于蓝，其用词用语之尖刻，人身攻击之猛烈，超出了他们的想象。最终的最终，一场江湖恩怨偃旗息鼓。

哈耶克并没有胜利，凯恩斯在英国的经济学江湖上依旧权豪势要。1933 年，哈耶克离开经济理论，研究资本主义、自由主义和社会主义的议题。1935 年哈耶克出版《集体主义的经济计划》，并着手写作于 1944 年出版的《通往奴役之路》，宣扬自由市场经济，反对计划经济和社会主义，以此继续反对凯恩斯的观点，认为政府干预必将误入歧途。

此后的哈耶克，面对欧美政府接受凯恩斯《通论》并实施政府干预的现实孤独寂寞着。哈耶克看到了自由主义者的困境，期望将这些撒布在江湖各处的人们组织起来，于是创建了"朝圣山学社"（Mont Pelerin Society）。1947 年 4 月，在瑞士佩尔兰山顶召开第一次会议。哈耶克邀请了 60 人，实际到了 37 人，这其中一半人来自美国。

弗里德曼作为后起之秀,跟随妻兄来到这里,见到了哈耶克,并与哈耶克不欢而散。三十年后共同埋葬凯恩斯的大戏主角闪亮登场了,只是,当事人自己也还没意识到。

这时候的经济学江湖惟凯恩斯马首是瞻,江湖号令一呼百应,哈耶克和他们的自由主义战士们屡战屡败。命运之手翻云覆雨,哈耶克人生的低潮来到了。然而,彻底改变哈耶克命运的不是凯恩斯,而是他的初恋情人海伦。

海伦是哈耶克的表妹,因哈耶克 1923 年去往美国读书而分手,海伦嫁作他人妇。而哈耶克也为了疗愈情伤而取了相貌酷似海伦的海拉,两人生育一子一女,生活看似幸福地过了 20 年,直到 1946 年。这一年,哈耶克回到维也纳,见到离异带着两个孩子的海伦,再也无法压制内心澎涌而出的爱情,不顾家人和罗宾斯的反对,毅然离婚迎娶海伦。这导致罗宾斯和哈耶克的彻底决裂,也将哈耶克的生活推向了深渊。

在英国失去支持的哈耶克在美国芝加哥大学勉强找到职位。因为众多教授的不满,哈耶克处境尴尬,后因为收入无法赡养两任太太,只好返回了欧洲。到 1960 年,哈耶克陷入抑郁症的痛苦中。1962 年,因为财务问题而痛苦焦虑、拮据度日。为了能保有收入,他接受了德国弗莱堡大学有退休金的职位,这一举动预示着哈耶克曾经的梦想都已经落下帷幕。回归故土、隐退家园中,哈耶克又受到了致命一击:曾经的战友罗宾斯也改弦更张,放弃自由主义改投凯恩斯门下了。

1969 年,哈耶克搬回了奥地利,在一个很小的学校萨尔茨堡大学任教,只是因为大学愿意购买他的藏书。真可谓"秋花惨淡秋草黄,耿耿秋灯秋夜长",在老年抑郁和经济困境中,郁郁不得志的哈耶克期待着"病树前头万木春"的到来。

江湖风云如同白云苍狗,倏忽间十载又过,凯恩斯大帝一统江湖已经三十年。古语云,人生大运卅年一变,即所谓三十年河东,三十年河西。否极泰来,哈耶克重出江湖的契机该到了。

20 世纪 60 年代末,在凯恩斯政府干预经济和需求管理主宰下的美国,遭遇了一场凯恩斯经济学无法解决的滞胀。此时,江湖诸派群起而攻之,首当其冲的就是当年参加朝圣山学社,并和哈耶克结下梁子的弗里德曼。他主张在政府主导下的自由市场经济,利用实证研究批评凯恩斯需求管理政策。也正是在弗里德曼的摇旗呐喊之下,哈耶克身披黄龙战袍、驾着五彩祥云锣鼓喧天地重出江湖了,他要再度迎战凯恩斯主义。凯恩斯已经驾鹤西归,凯恩斯主义还是他的对手吗?

1974 年,是再度改变哈耶克命运的一年,他获得了诺贝尔经济学奖。对于大多数美国人来说,哈耶克是如此陌生的一个存在,甚至有人没有听说过他的名字。不论如何,穿着白色燕尾服,打着白色领结的哈耶克,终于成就了年轻时号令江湖的梦想。他的内心也许曾狂野地大喊:笑到最后才是赢家。

哈耶克处处迎着掌声。凯恩斯全面撤退。经济学江湖龙椅易位。

　　第一轮的高手对决看似落幕,凯恩斯和哈耶克各胜一轮。然而,后继者们的决斗仍在进行中,自由与干预之争从未落幕。两位江湖领袖的拥趸无数,杀伐不断,争论不休,谁是谁非,无人能断……

　　欲知后事如何,请看本书第 25 章"弗里德曼 + 哈耶克:把凯恩斯埋在这春天里"。

17

凯恩斯 vs 马克思：
自由，还是计划？

崇尚个人自由的凯恩斯对斯密—李嘉图—马克思这条线路上发展出来的理论厌恶之至，这才有了凯恩斯对古典经济学的冷嘲热讽。如果马克思还活着，一定可以擂起战鼓来场你死我活的恶战。然而，斯人已逝，只能期待继承马克思思想的后人能用活生生的现实给予捍卫资本主义的凯恩斯主义者们迎头一击。

登场人物介绍

马克思：社会主义导师，计划经济导师，生于 1818 年 5 月 5 日，卒于 1883 年 3 月 14 日。马克思的著作《共产党宣言》《资本论》《剩余价值论》等发源于工业文明的欧洲。其思想经由苏联列宁的帝国主义理论传入中国，引导农耕为主的中国人民实现了新民主主义革命，建立了新中国。尽管在 20 世纪 90 年代，马克思思想指引下的一些国家放弃了社会主义道路而走向资本主义，这并不能磨灭伟大思想家马克思的耀眼光辉。

凯恩斯：资本主义大神，政府干预大神，坚持弥足珍贵的个人自由，生于 1883 年 6 月 5 日，卒于 1946 年 4 月 21 日。马克思去世不久，凯恩斯就诞生了。他们的理论在表面上看起来有相似之处，然而，他们本质上是不同的，崇尚个人自由的凯恩斯对斯密—李嘉图—马克思这条线路上发展出来的理论厌恶之至，这才有了凯恩斯对古典经济学的冷嘲热讽。如果马克思还活着，一定可以擂起战鼓来场你死我活的恶战。然而，斯人已逝，只能期待继承马克思思想的后人能用活生生的现实,给予捍卫资本主义的凯恩斯主义者们迎头一击。

大萧条下的彷徨和选择

在 1929 年的世界性大萧条中,资本主义世界岌岌可危。代表无产阶级利益的马克思理论占领了学术精英的阵地,最直接的表现就是学者和学生们公开学习和研究马克思的著作,接受马克思的思想。正如《共产党宣言》所说:"一个幽灵,一个共产主义的幽灵在欧洲徘徊。旧的欧洲一切势力……都为驱除这个幽灵而结成了神圣的同盟。"

据学者普朗特在 1934 年说:"我所有的朋友……差不多所有的知识分子和来剑桥读书的年轻大学生们……由于希特勒的当权都变成了马克思主义者。"这些最聪明和最优秀的人把马克思看作是医治战争、法西斯主义和失业的良方。剑桥的社会主义者协会和工会俱乐部都是马克思主义的倡导者,他们的人数一度达千人之多。

看着资本主义大厦即刻就要倾覆,政客和古典经济学学者们抓耳挠腮,苦无良策。当时的美国总统胡佛在古典自由主义学者的支持下着力挽救民众对未来的沮丧预期,鼓励大家"繁荣就在拐角处",希望以此唤起民众的信心和希望。然而,拐角处的繁荣一直没有来到,纽约城的"胡佛村"却越来越壮大。

"胡佛村"(Hooverville)是流离失所的市民聚居地。人们用铁皮、塑料和树枝在路边搭建寒不避风的窝棚,失业、饥饿、面黄肌瘦、暴病而亡,活着的人们将破衣服上空空如也的口袋翻出来,让口袋在风中飘荡,这就是著名的"胡佛旗帜"(Hoover flag)。

"胡佛村"和"胡佛旗帜"将胡佛总统推上了美国最不受欢迎的总统的宝座。人们迷茫、痛苦、绝望,不知道未来在何方,渴望通过革命性运动重建一个更好的新社会。在这样的背景下,马克思思想指引的工人运动在贫苦中此起彼伏。

路在何方? 资本主义在哭泣。

东方国家选择了马克思,选择了社会主义。

西方国家何去何从,谁能给出答案?

乱世出枭雄,社会转折的重要时刻,往往就是伟人诞生的时刻。他们担负着力挽狂澜的历史使命,他们生来就与众不同。这时,伟大的马克思已经去世了,伟大的凯恩斯正在行进中。两位伟大经济学家的思想就在这一刻走上了角逐的擂台。

资本主义大神炮轰社会主义导师

历史不会逆转,人生不会重来。今天我们看到的万丈光芒的资本主义世界,正是那场角逐的最好展现。

凯恩斯告诉世人:资本主义不需要革命,更不需要社会主义;如果用革命手段摧毁资本主义,建立一个比资本主义更坏的制度,那就是错上加错。他在《通论》中直言:"没有强烈理由要实行国家社会主义,把社会上大部分经济生活包罗在政府权限之内……极权国家似乎解决了失业问题，但牺牲了效率和自由。"凯恩斯的目标是拯救自由社会，而不是破坏它。他对自由社会的敌人从来都毫不客气。

1925年9月3日，凯恩斯陪同新婚妻子莉迪亚回到了她的祖国，会见了苏联国家计划委员会和中央银行的官员，还给苏联学者做了两次学术报告。苏联学者并不认同凯恩斯的观点。凯恩斯在苏联也只是看到了"混乱"，面对当时苏维埃共产主义在接受马克思经济学之后的兴盛，凯恩斯并不认可。

回到英国后，凯恩斯将其苏联见闻结集为《俄国掠影》出版。他说："我是一个在自由空气中成长起来的人，既没有宗教黑暗势力的压迫，也没有任何值得害怕的东西。赤色俄国对我来说，有太多东西令人反感……我怎么能接受这一种被他们奉为圣经的教条呢……不仅在科学上是错误的，而且在实践中也不能应用……"

1928年4月，凯恩斯再次到访苏联，更加坚定了他反对社会主义的信念。他认为："俄国的表现是这个世界上所曾见过的最糟糕的例子，行政管理上无能，还要让人们牺牲差不多所有使生命值得生存下去的东西"；苏联的中央计划经济试验是"疯狂的魔鬼和不必要的草率的可怕例子"；"斯大林将会成为对所有寻求社会改革尝试的人的一个恐怖的榜样"。

同样，面对当时纳粹领导下的德国的经济强劲复苏，他说："德国现在由一帮不受约束的、不负责任的人控制着"；"带着破碎的肉体和精神，他们将倒退到即使不是依赖奥丁神，也是在中世纪的那套方式中寻找出路"。凯恩斯不仅反对德国的计划经济，更对纳粹迫害犹太人的运动感到义愤填膺:"人们不就将面临这样的选择:要么完全允许德国重新武装,如果它想这么做的话;要么就是在德国一旦开始这么做的时候,就向它发动进攻。可怕极了!"

凯恩斯用自己的方式对抗极权主义和马克思主义。他认为,"保护先辈们经过痛苦奋争而得来的每一点一滴的公民自由权和政治自由权是个原则问题";就马克思巨著《资本论》而言,凯恩斯在1934年给萧伯纳的评论中说:"它的过时的、沉闷的、学术上颇有争议的话题……不论《资本论》针对社会问题的价值是什么,我敢肯定他对当代经济学的价值却是零。"

1935年的元旦,他又给萧伯纳写信说:"我读了老马和恩格斯的通信集,我还是想对老马开一炮。在这两个人中间,我更喜欢恩格斯。我能看到他们发明了一种特定的吵吵闹闹的方法和一种邪恶的写作方式,而他们的继承者们也把这两样东西都毫不保留地继承下来。但如果你跟我说,他们发现了解决经济谜语的线索的话,我却仍然难以信服。除了他们之间过时的争论之外,我看不到任何有益的东西。"

凯恩斯还曾公开在他的政治经济学俱乐部中批评了马克思。根据马克思学者思特莱斯的回忆,在1935年10月28日的讨论中,"凯恩斯说,马克思主义作为经济学上的概念甚至比社会信贷还要低。它是一种复杂的欺骗人的东西,它的唯一价值就是它的混乱性。凯恩斯说他已经读过马克思的著作,感到它像一本侦探小说,想要对一种想法找到一些线索,却从来未能成功。"

　　凯恩斯对马克思的质疑和批评从未停止。直到 1943 年，凯恩斯读到了罗宾逊夫人的著作《论马克思主义经济学》之后，还评论说："看完这本书之后，我感到他有一种深邃和独创的眼光，但却是一个低劣的思想家。"

　　不论谁对谁错，当时的历史选择了凯恩斯，资本主义世界选择了凯恩斯。马克思主义不得不逐渐退出了主流舞台。

18

希克斯：
被凯恩斯拒绝的凯恩斯主义者

英伦大地上与凯恩斯并肩写作《通论》的剑桥学者们，也许更理解凯恩斯想表达什么，他们更忠诚地传承了凯恩斯的经济学。然而，这个世界需要的也许并不是始终如一的执着，而是应时应事而变的灵活。伟人存在的意义并不是他们说了什么，而是我们如何让他们说的契合今天我们想说的。实用主义始终是现代人的灵魂。

凯恩斯革命之后,美国麻省理工学院的萨缪尔森将研究资源配置的自由市场理论和凯恩斯《通论》中国民收入决定的理论揉在一起,框定了《微观经济学》和《宏观经济学》的教材格局,至今尚无人能改变。

　　熟读经济学的朋友一定注意到:在新古典综合派之前,经济学大家基本都是欧洲人,耳熟能详的以英国人为主,还有部分法国人、德国人和奥地利人;但是从新古典综合派开始,主流经济学宝座上坐的几乎全部是美国人。可以说美国的经济学江湖霸主地位是从新古典综合派起家的,而把王座双手拱出的就是凯恩斯本人和牛津大学教授希克斯(John Hicks, 1904—1989)。

　　凯恩斯终身是彻头彻尾的爱国主义者,为英国的利益抛头颅洒热血,大半生奔波在和美国谈判和争取利益的道路上。凯恩斯对美国佬绝无好感,甚至讽刺美国佬喝点酒就能张牙舞爪到断手断脚地步的劣等习性。他恐怕也不希望看到经济学江湖霸主易位,可是世间万事总是出人预料。

　　不喜欢美国人的凯恩斯极其欣赏罗斯福在美国展开的"新政",

"新政"的所有做法契合了凯恩斯内心琴弦弹奏出的干预之音。1934年,凯恩斯访美和罗斯福会晤,期间顺便在美国政治经济学俱乐部介绍了他的"有效需求"理论。美国人早于英国人接触和接受了凯恩斯的经济理论。

此后哈佛大学的汉森(Alvin Harvey Hansen,1887—1975)成为了"美国的凯恩斯"。在哈佛大学的课堂上,他不遗余力地诠释、修正和传播凯恩斯经济学。萨缪尔森、索洛、奥肯等这些未来的诺贝尔奖获得者都是汉森课堂上的研究生。随着他们的毕业和占据经济学重要岗位,凯恩斯经济学在美国开出了灿烂异常的转基因之花。

为什么说凯恩斯经济学在美国转基因了呢?这就要说说汉森在传播凯恩斯经济学中的一个重要模型——IS-LM 模型。敲敲黑板:宏观经济学国民收入决定的三大模型是总支出模型(凯恩斯模型)、IS-LM 模型和 AD-AS 模型。其中的 IS-LM 模型就是汉森和希克斯的贡献。

希克斯的经济理论很丰富,但是贡献给本科经济学教材的主要是两个模型:一个是微观经济学中将价格总效应分解为替代效应和收入效应的希克斯分解;另一个就是宏观经济学中的 IS-LM 模型。这个模型不仅让学习者考试觉得难,而且也让凯恩斯觉得为难,不得不感叹自己无力左右后人栽种的转基因花朵。

事情大概是这样的。

当年《通论》出版之后,牛津大学的希克斯对《通论》热爱备至,每天研读思考其中的奥义。希克斯感到凯恩斯的《通论》晦涩难懂难于直接推广。是否可以用另一种更好理解的方式来解释国民收入决定的方式呢？经过希克斯的废寝忘食，终于一篇极具学术价值的论文诞生了——《凯恩斯先生和"古典经济理论"：重新解释的建议》（ *Mr. Keynes and the " Classics" : A Suggested Interpretation* ）。

这篇论文在 1936 年 9 月到达凯恩斯手中，作者希望能刊载在凯恩斯主编的《政治经济学杂志》上。凯恩斯将其置于案头不予理会，直到半年之后的 1937 年 3 月 31 日才回复说："我觉得这篇东西很有意思。就批评而言，我无话可说。"熟悉英语的同学应该知道，当有人说你的东西"interesting"时，你可能特别不 interesting，那只不过就是中文的"呵呵"。

希克斯并没有参与《通论》的整个研究和成书过程，他对《通论》的解读已经违背了凯恩斯的初心。凯恩斯的"interesting"是出于绅士礼仪的拒绝，他并没有刊载希克斯的论文。凯恩斯没有说出的拒绝被他的两大护法罗宾逊夫人和卡恩直接甩了出来，他们批评希克斯的模型是寻求连续性和确定性的思维方式，并没有放弃凯恩斯批判的古典经济学，这和强调心理预期的重要性，强调风险和不确定性对心理预期的巨大影响的真正的凯恩斯经济学相悖。

希克斯立场坚定毫不气馁，将文章转投到美国权威经济学期刊。命运总是眷顾那些不肯放弃的人，汉森看到了希克斯的文章，一看之下慨叹相见恨晚，立即把论文推荐给了《计量经济学杂志》发表，并将希克斯的论文再行升级，转化为希克斯—汉森模型，也就是今天我们在宏观经济学课本中看到的 IS-LM 模型。

凯恩斯的不置可否和汉森的扫榻以迎,使得并非凯恩斯思想的IS-LM 模型顶着"凯恩斯主义"的大名铸剑美国经济学的江湖地位,江湖易主始于此役。凯恩斯的继承者们就此分道扬镳:留在凯恩斯身边的继承者成为"新剑桥学派";而经由希克斯在美国发扬光大的继承者叫"新古典综合派",这一派的萌芽在希克斯和汉森的手里,萨缪尔森等人将其催生为参天大树。

回望来路,英伦大地上与凯恩斯并肩写作《通论》的剑桥学者们,也许他们更理解凯恩斯想表达什么,他们更忠诚地传承了凯恩斯的经济学。然而,这个世界需要的也许并不是始终如一的执着,而是应时应事而变的灵活。伟人存在的意义并不是他们说了什么,而是我们如何让他们说的契合今天我们想说的。实用主义始终是现代人的灵魂。

凯恩斯即使说服了全世界接受政府干预,却不能左右那些打着凯恩斯旗号"革命"的年轻人。今天,如果你说你信奉凯恩斯,你能说出来凯恩斯都说了些什么吗?恐怕一开口,唱的都是教材里学来的新古典综合派的歌。谁还记得凯恩斯到底说过什么呢?可是如果没有这些乐于转基因的革命战士们,凯恩斯的威名也许不会传播这么广。

谁成就了谁,谁亏欠了谁,已经不再重要。

19

凯恩斯去世之后美国英国两枝花

　　这场论战最初貌似新剑桥学派占了上风。但随着萨缪尔森《经济学》风行全球和罗宾逊夫人的辞世,新剑桥学派后继无人,最终胜出的是新古典综合派。主流经济学占据话语权之后,新剑桥学派似乎已经被经济学世界遗忘,埋葬在孤山野岭里了。罗宾逊夫人擅于雄辩,可即便赢得了一时的论战,最终却失去整座江山。

前文中咱们说过,凯恩斯的《通论》经由英国牛津大学的希克斯和美国哈佛大学的汉森的解读,在欧美大地上实现了江湖一统的大业,各门各派纷纷折服,简直到了"一天不读教主宝训,就吃不下饭,睡不着觉;读了教主宝训,练武有长进,打仗有气力"的地步。可谓乾坤浩荡、日月随行。

在这场开疆辟土的战役中,首当其冲的除了以上二位开国大将军之外,当属麻省理工学院的萨缪尔森,其1948年出版并再版19次的《经济学》奠定了现代经济学教材的构架,宏观部分成为凯恩斯经济学行走江湖的根据地,成为凯恩斯思想开在美国的一枝火红的牡丹花。

然而,美国人的真传来自开国大将军希克斯和汉森,而不是凯恩斯。这两位将军的共同特点是,都没有与凯恩斯大帝打过交道,也不是凯恩斯战队成员,没有参与过《通论》的写作和讨论过程,更没有接受过凯恩斯的亲身传授,对凯恩斯的解读来自苦读和思考。

希克斯将凯恩斯的《通论》解释为 IS-LM 曲线,并志得意满地将论文邮寄给凯恩斯,希望能在凯恩斯主编的《政治经济学》上发表。

凯恩斯看到这个解读之后,将论文搁置桌角,沉默半年,不知如何作答,最后仅以"很有意思"回复,并不采用文章。1937 年 4 月,希克斯不得已到哈佛《计量经济学杂志》发表,题目是《凯恩斯先生和古典经济理论:重新解释的建议》。

同样,汉森也仅仅与凯恩斯一面之缘,远离英国,远离剑桥,并不知道凯恩斯战队除了《通论》之外,内心里最想表达的是什么。汉森看到了希克斯的论文,有种英雄相见恨晚的感觉,立即帮助其发表,并继续改进修炼,终成萨缪尔森教材中的 IS-LM 模型。这一武功,奠定了凯恩斯经济学在美国大陆的传播方式。

这两位大将军的这一特点,就注定了美国开出的这枝凯恩斯之花很可能已经远离了凯恩斯本人的初衷。凯恩斯在《通论》的形成过程中到底关注的是什么,他们不知道,他们自以为就是他们定调的 IS-LM 模型。他们顶着凯恩斯的大名行走江湖,所向披靡,他们的名字叫:新古典综合派。

然而,凯恩斯也许是无奈的,他有能力和英国的老糊涂们展开骂战,却没有能力左右身后美国年轻人的所作所为。凯恩斯在英国大地上思考、写作、传播其思想,为英国利益和美国佬展开不屈不挠的斗争,最终安眠在战斗的道路上,享年 64 岁。

在凯恩斯安眠的地方,一枝傲雪寒梅孤独地开放了。

这一枝开在英国的凯恩斯之花,自称"后凯恩斯主义"(post-Keynesian)。这一学派的组成全部是凯恩斯战队成员,包括凯恩斯的两大护法罗宾逊夫人(Joan Robinson, 1903—1983)和卡恩,还有曾经被墨索里尼追杀、在与哈耶克的世纪之战中出战并最终掀起经济学第五次革命的斯拉法。这些人在《通论》的形成过程中,不仅共同讨论,还帮助凯恩斯修改书稿,与凯恩斯并肩作战,直到凯恩斯去世。他们也许是最了解凯恩斯思想的那群人,他们的名字叫"新剑桥学派"(new Cambridge school)。

凯恩斯去世后,经济学江湖群龙无首,各派大牛江湖纷争,在这两派之间展开了你死我活的论战。因麻省理工地处美国剑桥地区,因此,这场论战被称为"两个剑桥之争"。首战元帅分别是罗宾逊夫人和萨缪尔森,争论的最根本原因就是,凯恩斯的《通论》到底想表达什么,到底要关注什么,到底应该如何继承和发扬凯恩斯的思想。

两个剑桥之争几乎将英美两国经济学的翘楚全部裹挟其中:挑战一方以罗宾逊夫人为统领,麾下大将包括卡尔多、斯拉法、帕西内蒂等;应战一方为美国萨缪尔森领军的新古典综合派,迎战大将包括索罗、托宾、莫迪利安尼等。除此之外,虽未亲自参战,但在场外摇旗呐喊的学者也不在少数。战场从资本理论开始,逐渐蔓延到价值理论、分配理论、增长理论、数理方法、国家干预理论等很多议题。论战方式是在顶尖期刊上发表文章和出版著作驳斥对方并为己方辩护,双方因此留下了大量学术著述。

这场论战从 20 世纪 50 年代开始,大概持续了 20 多年。最初貌似新剑桥学派占了上风,萨缪尔森甚至还承认过自己方法中存在的逻辑谬误,但随着萨缪尔森《经济学》风行全世界和罗宾逊夫人等的相继辞世,新剑桥学派后继无人而逐渐衰败,最终胜出的是新古典综合派。随着主流经济学占据话语权,新剑桥学派似乎已经被经济学世界遗忘,埋葬在孤山野岭里了。罗宾逊夫人擅于雄辩,可即便赢得了一时的论战,最终却失去整座江山。

关于两个剑桥之争的理论介绍,请参考刘涤原和王诚在 1995 年发表在《财经科学》第 2 期上的文章《"两个剑桥之争"述评》。

20

卡恩：

忠诚的朋友，静默的英雄

卡恩不善言辞，外表稳重安详，其实内心总处于焦虑紧张中。在凯恩斯的学术圈子里，卡恩比任何人的数学能力都要强大，以至于凯恩斯只要遇到数学问题都需要卡恩来把关。尽管如此，卡恩总喜欢将自己光芒四射的脑袋隐藏在黑暗的角落里。万众瞩目不是他的理想，为朋友两肋插刀才是他的人生信条。

在写这篇小文之前，笔者以关键词"卡恩""凯恩斯""乘数"等进行百度搜索。搜出的结果基本是一致而简单的，也就是卡恩是提出乘数的人。除此之外，网络上连卡恩的照片都很少。他的人生如何，没有人述说，他就像是个谜一样的存在。但当我们提及凯恩斯，提及国民收入决定中的乘数效应时，我们决不能忘记卡恩。日月经天、江河行地。

笔者搜集到的信息非常有限，而且散在各处，零零碎碎，很难拼凑出卡恩丰满的一生，权以此来献给卡恩。

卡恩（Richard Ferdinard Kahn，1905—1989，见图 20.1）祖上是德国犹太人，卡恩一生都是犹太信徒，笃信犹太文字和宗教精神。最初，卡恩入剑桥大学国王学院，师从舒夫，每隔两周的周六会接受凯恩斯的辅导。那时候，卡恩还只是一个 22 岁的学界萌新，身材瘦小，认真，漂亮，而凯恩斯已经是名噪天下的大神。当他"第一次参加辅导课，走进凯恩斯的房间时，紧张得浑身都在发抖"。

的确，卡恩内心脆弱、不善言辞。他外表看起来稳重安详，其实内心总处于焦虑紧张中，甚至一生都在健康问题上敏感纠结。在凯恩斯的学术圈子里,卡恩比任何人的数学能力都要强大,思维审慎周密。在他面前,凯恩斯的数学显得很不灵光,以至于数学相关的问题凯恩斯都需要卡恩把把关。尽管如此,卡恩总喜欢将自己光芒四射的脑袋隐藏在黑暗的角落里。万众瞩目不是他的理想,踏实安全、为朋友两肋插刀才是他的人生信条。

图 20.1　沉思的卡恩

卡恩刻苦认真,学业优秀,毕业时以第一名的优势留在了剑桥国王学院。他的研究主题是马歇尔的短期经济行为理论,并在 1929 年发表了学位论文《短期经济学》。同年,凯恩斯和休伯特·亨德森为帮助自由党竞选,合著了一本呼吁政府帮助无业者就业的小册子《劳埃德·乔治做得到吗?》,用于支持和解释乔治在竞选时作出的一个承诺:通过一项公共工程计划,把可怕的失业数字削减至正常水平,并且国家的财富和各项设备都会出现相应的提高和改善。这个承诺其实就是后来凯恩斯经济学的实质。

为了帮助乔治竞选,凯恩斯在小册子中提出了"乘数"(multiplier)的概念。据凯恩斯估测,每花 100 万英镑用于修建道路,就能创造出 5 000 个就业岗位,其中 2 500 个是直接创造的,而另外 2 500 个是间接创造的。这样,将近一半的资金当时就可以收回,其中 1/4 是因为不必支付失业救济而节省的,新就业人士还能带来接近投资成本 1/8 的就业税。

凯恩斯认为估计很难精确,但是在数学上他又解决不了,直到 1931 年 6 月,卡恩在《经济学杂志》上发表《国内投资与失业的关系》。在这篇文章中,卡恩亲自作了统计分析,并用数学推导证明了凯恩斯的估计是正确的,从而帮助凯恩斯阐释了乘数思想的精髓,成为今天我们《宏观经济学》教材中的投资乘数和政府购买乘数理论。

按照熊彼特在《经济分析史》中的说法,卡恩完全可以算作《通论》的合作者,但幕后英雄卡恩根本不在意名与利。在《通论》成书过程中,他以极大耐心和超强分析能力成为凯恩斯的首席智囊。每当凯恩斯需要厘清某个模糊的想法时,他总是只邀请卡恩一人进行长时间的讨论。卡恩同时还对凯恩斯的书稿进行校对,将意见写在纸页的白边处,提醒凯恩斯哪里有错误,哪里需要再加以讨论,哪里印刷有问题等。

1931 年的整个夏天，卡恩一直在提尔顿庄园陪伴着凯恩斯夫妇，随时准备响应凯恩斯的每一次号召。卡恩与凯恩斯之间的友情和信任，超越了其他任何人。尽管凯恩斯对美貌男青年一直心怀不轨，但他却和卡恩情同父子，并在临终时将遗孀托付给卡恩。

特别要说的是，卡恩不仅协助完成《通论》，而且也开始了和罗宾逊夫人的学术友谊和婚外恋情。他帮助罗宾逊夫人完成了《不完全竞争》经济学这本著作，随着他们学术友谊的发展，卡恩和罗宾逊夫人循着卡莱斯基的研究方法逐渐偏离了主流经济学的框架。

1937 年，希克斯将《通论》简化为 IS-LM 曲线图和代数碎片，凯恩斯没有作出任何表态。卡恩大约是受制于导师的立场，也从来没有就希克斯的解释提出任何讨论，并一直没有参与凯恩斯革命的公开讨论，在凯恩斯经济学一统江湖的论战中，卡恩始终韬光、深藏若虚，将自己隐埋在泥土里。对此，罗宾逊夫人的解释是："当时，我们还没有想过（思想归属权）这些概念。凯恩斯和我们所有人都认为，把论证搞正确才是最大、最重要的事，以此获得名誉是非常次要的。比如卡恩，他献身于这一伟大的使命并不需要任何虚荣或名誉的动机。"

1937 年，卡恩做了国王学院的财务总监，凯恩斯开始指导他如何投资。等到凯恩斯因为心脏病回到提尔顿庄园休养时，因凯恩斯体力非常有限，卡恩是他们唯一愿意接待的朋友。凯恩斯于 1946 年去世之后，将全部经济学手稿交给卡恩整理，并请卡恩帮忙销毁大部分文件，特别是尚未出版的经济学手稿，其余部分存放在剑桥的马歇尔图书馆。

卡恩同时管理凯恩斯遗孀莉迪亚的日常财务,其任务是防止花钱大手大脚的莉迪亚出现财务危机。而莉迪亚也总是在大肆购物之后很内疚地给卡恩写信,告诉卡恩她是为了遵循凯恩斯消费促进收入的理论而购物的,因为"钱是让人用的,然后就能不断地流通"。而卡恩也总是要无奈地告诫莉迪亚:"我不得不负责任地告诉你,这不能再继续下去了。"

卡恩对莉迪亚忠心耿耿。但后来由于忧郁症的影响,他很难再通过金融活动管理莉迪亚的生活基金,这迫使莉迪亚不得不变卖家具和名画维持生活。随着年龄的增长,卡恩身体越来越差,驼背耳聋,但出于对凯恩斯的热爱,卡恩始终坚定不移地执行着遗嘱。莉迪亚于 1981 年 6 月 8 日去世,享年 89 岁。

卡恩终于完成了导师的嘱托,历时 35 年。

21

罗宾逊夫人：
战力十星的辩论女王

罗宾逊夫人喜欢论战，话语强劲有力、逻辑清晰、冷酷无情。哈耶克曾经说：若是有人不同意她的意见，她就认为对方是智商极低的蠢猪，道德水准也有问题；和她唇枪舌剑极其困难，罗宾逊夫人会无情地碾压对手，以至于很多人在其泼妇般的攻势中抱头鼠窜，甚至精神崩溃。

前文说到,凯恩斯经济学一统江湖之后,在美国剑桥镇的麻省理工学院和英国剑桥大学分别发展出两派继承者,美国一派名叫新古典综合派,英国一派叫新剑桥学派,两派之间曾经发生过一场著名的争论,史称"两个剑桥之争",双方挂帅出征的分别是萨缪尔森和琼·罗宾逊夫人。今天要说的,就是这位战斗力十颗星的罗宾逊夫人。

　　罗宾逊夫人是世界上最伟大的女经济学家,据说年轻的时候异常美丽。她出生于军人家庭,而且祖父和父亲在政治上都是激进的异见分子,从小耳濡目染,注定了罗宾逊夫人成为一位吵架高手的命运。

　　罗宾逊夫人本名琼·罗宾逊,从小学习优异,大学就读剑桥大学格顿学院。因剑桥大学在 1948 年之前不授予女性学士学位,因此,她在 1924 年和 1925 年的两次学位考试中,尽管都获得了第二名的成绩,但都无法获得学位。在此后进入剑桥教书的岁月中,也经历了十几年才艰难获得教职。

　　琼在 23 岁时出嫁罗宾逊先生,此后被称为罗宾逊夫人。在随夫远去印度殖民地三年之后,他们回到剑桥大学。在这里,罗宾逊夫人认识了大神凯恩斯及其得意门生卡恩。在未来的凯恩斯革命中,罗宾逊夫人和卡恩不仅并肩作战，成为凯恩斯的两大护法，而且在战斗中培养了深厚的婚外情。

在《通论》成书过程中，二人功不可没。卡恩是个羞涩内向、缺乏自信的人，不愿意在公开场合表达自己的想法，发表的作品也很少，但是他有个最强大脑，逻辑非常严谨，成为凯恩斯工作室的首席工匠。对于《通论》这本书来说，卡恩是名副其实的合作者，其中相当一部分内容出自卡恩之手，但卡恩却绝不留名，以至于后人以为《通论》完全出自凯恩斯一人之手。由此可以看出卡恩对凯恩斯的情谊远远超越了师生、同事之情。这种慷慨无私，不是一般人可为的，在此我也表达对卡恩的无上敬意。

罗宾逊夫人的性格与卡恩大相径庭。她喜欢论战，话语强劲有力、逻辑清晰、冷酷无情。她会激烈地鼓吹自己支持的事业，其招牌手法是对论敌赤裸裸的人身攻击。哈耶克曾经说：若是有人不同意她的意见，她就认为对方是智商极低的蠢猪，道德水准也有问题；和她之间的唇枪舌剑往往极其困难，在任何一场辩论中，罗宾逊夫人都会无情地碾压对手，以至于很多对手在其泼妇般的攻势中抱头鼠窜，甚至精神崩溃。

在凯恩斯去世后的两个剑桥之争中，萨缪尔森在和罗宾逊夫人的辩论中，尽管没有精神崩溃，但也实在无力招架，干脆以"好男不跟女斗"的姿态偃旗息鼓。好在罗宾逊夫人迅速发现了新目标而放过了萨缪尔森，不然也许这个世界上将少了一位经济学通才。不过，新古典综合的经济学教材中大谈非完全竞争理论，却从来不提提出不完全竞争理论的罗宾逊夫人，也实在让人觉得有点小肚鸡肠了。

罗宾逊夫人著作颇丰,她著书立说解释凯恩斯的经济学,同时将凯恩斯的理论从短期扩展到长期分析,并将马克思的分析方法逐渐引入其理论。尽管凯恩斯一再表示对马克思的不以为然,罗宾逊夫人还是和剑桥多数年轻经济学家一样,逐渐将马克思和凯恩斯结合在了一起,走向了对美国萨缪尔森为代表的新古典综合派的收入分配理论和基本分析方法展开批判的道路。她以凯恩斯战队大护法的身份,明确声明凯恩斯关注的是不确定性和收入分配不公平,而萨缪尔森所谓的均衡分析方法,彻底远离了凯恩斯的动物精神和不确定性的考量,根本是对凯恩斯的背叛,而不是继承。

此后,罗宾逊夫人穷其一生都在追求一个更加公正平等的社会。她曾经 8 次访问中国,并为中国和朝鲜的社会主义实验摇旗呐喊,批评资本主义世界的过剩、浪费和不平等。她曾经为中国的计划经济卖力鼓吹。然而,随着中国信息披露得越来越多,她吃惊地发现,很多人对她说了假话。她写下了这一段文字:

> 你们发现自己可以使用马克思的分析工具讨论计划经济中的问题,这让我感到非常奇怪,因为马克思构建其分析工具的目的,是为了分析资本主义早期阶段的经济。它只适合于处理那种特殊的经济。如果你们能够对它适当剪裁,让它适合于一个完全不同的经济体的话,我绝对会非常吃惊。

几十年后,在罗宾逊夫人去世后的纪念会上,萨缪尔森评价说:"真正的社会主义是她的至爱。"贫富差距和社会不公,是她一生的关怀。

第四篇

熊彼特和他的宿命

22

熊彼特：
让人唏嘘的一生

熊彼特不断模仿贵族的言行举止和对奢侈生活的追求，加上与生俱来的对知识的渴望，这都促使他成为一位举止优雅、态度尊贵、学识渊博、充满魅力的伪贵族青年。他蔑视资产阶级和普通人。他相信高贵的继父、假装贵族的母亲以及后来维也纳大学的精英身份，都赋予他高于一般人的特殊地位，甚至高于普通贵族。

1883 年,马克思去世。同一年,英国的凯恩斯和奥地利的熊彼特出世。

凯恩斯是 20 世纪最著名的经济学家,凯恩斯的名字家喻户晓,凯恩斯的生活歌舞升平;而熊彼特的名字,却只有少数学者和专家知晓。1883 年,英国《经济学人》杂志开展纪念马克思逝世 100 周年并凯恩斯与熊彼特诞辰 100 周年的活动,杂志留给凯恩斯的篇幅是熊彼特的 3 倍。

然而,这个世界从来不仅仅属于喧嚣者,还属于很多默默无闻的知识贡献者,他们的思想不断累积人类知识的高塔。尽管当时只有很少人理解和支持他们,甚至被同时代的人扭曲和抨击,但是经过时间的洗礼,他们的光芒逐渐从砂砾中透射出来。

伪贵族妈妈:为熊彼特铺就贵族之路

熊彼特出生在地处捷克的德意志家族中,该家族因为从事纺织业而成为当地的有头脸的人物。在熊彼特居住的镇子上,德意志人和犹太人为数很少，但却是主要的富庶家庭，而捷克人是作为仆人和工人存在的。熊彼特从小就知道捷克人和德意志人的区别，并认为犹太人是奇怪的异族，尽管没有发展到希特勒的地步，但他心里民族歧视总是存在的。这令熊彼特始终坚信自己拥有高贵的血统，终生保持贵族作风，尽管他并不是贵族。

熊彼特之所以跻身贵族行列，做着没有贵族头衔的贵族，这全部得益于一切以熊彼特为中心的妈妈乔安娜。熊彼特家族在很多很多年前曾经是德意志贵族，但是在 13 世纪时，一位熊彼特贵族因为被国王砍头而被从贵族名单中清除。借着曾经的贵族血统和后来家族产业的兴旺，乔安娜始终认为熊彼特家族就是贵族，因此他们必须保持高贵的精英作风，这点深深影响了熊彼特。

熊彼特的父亲在他不到 4 岁那年去世，26 岁的母亲乔安娜和熊彼特相依为命。乔安娜始终认为她的儿子与众不同，必须给予儿子最好的教育和生活。在熊彼特 6 岁时，乔安娜为了他的教育来到了格拉茨。等到熊彼特 11 岁小学毕业时，乔安娜认为熊彼特必须到维也纳最好的学校去，于是带着熊彼特来到了维也纳。

维也纳最好的学校是城里的一所为贵族、富商和高官子女设置的贵族学校，而熊彼特并没有贵族身份，为此，32 岁的乔安娜千方百计将自己嫁给了有贵族封号的奥匈帝国退休元帅，一位 64 岁的单身贵族凯勒。神童熊彼特尽管没有得到继父的贵族封号，但是借此却过上了贵族的生活，进入了维也纳特里萨学院就读。

熊彼特从妈妈那里继承来的精英精神激励他不断学习和模仿周

围贵族的言行举止和对奢侈生活的追求,加上熊彼特与生俱来的对知识的渴望,这都促使他成为一位举止优雅、态度尊贵、学识渊博、充满魅力的伪贵族青年。他蔑视资产阶级和普通人,他相信高贵的继父、假装贵族的母亲、特里萨学院的背景以及后来维也纳大学的精英身份,都赋予他高于一般人的特殊地位,甚至高于普通贵族。

乔安娜和凯勒副元帅的婚姻维持了 13 年。前 8 年里,熊彼特在特里萨学院读书,后 5 年里,熊彼特在维也纳大学读书。在这 13 年中,乔安娜的婚姻保证熊彼特可以进入贵族学校,并在接受教育期间获得平静、安稳的家庭生活和富裕的经济条件。而一旦熊彼特羽翼丰满进入社会,45 岁的乔安娜立即和凯勒元帅协议分居。这令人非常怀疑,乔安娜只是为了儿子才牺牲自己的年轻岁月委身于年长 32 岁的老家伙。在老家伙完成使命并失去利用价值时,乔安娜毫不迟疑地抛弃了这位老丈夫。

必须说明的是,在以后的岁月中,乔安娜仍然使用凯勒夫人的头衔,仍然被称为"阁下",每年还从凯勒处获得 500 英镑生活费。而熊彼特在工作之后也常常令人们相信,他的父亲是令人尊敬的帝国副元帅。即使老丈夫遭到抛弃的命运,他的贵族封号和头衔依然被熊彼特母子充分使用直至去世。

游历英国:第一本巨著和第一场婚姻

熊彼特从特里萨学院毕业后,以优异成绩进入维也纳大学师从庞巴维克。那时候，正是边际革命如火如荼，奥地利学派大行其道的时候。在此之前，价值理论被古典经济学的劳动价值论把持，而边际革命的到来彻底推翻了劳动价值论：采用边际效用的方式来决定商品价格，这令劳动价值论退出了主流经济学的舞台。

　　熊彼特在这里不仅接受了奥地利学派的经济学训练，而且依照他的兴趣阅读了整座图书馆。据说当时的经济学著作大概有 1 000 部，熊彼特一本不落地全部阅读了。在维也纳获得罗马法和教会法的双法学博士后，熊彼特在柏林学习两个学期，然后在欧洲游历一段时间，最后来到了英国。在这里，他遇到了经济学的学科带头人马歇尔，通过与马歇尔的交流深入了解了不同于奥地利学派的新古典经济学。同时他在英国博物馆和伦敦图书馆中专注学习、阅读、思考和写作，不到两年时间，熊彼特就出版了《经济理论的性质和主要内容》。

　　熊彼特在这么短的时间里就能读书无数并出版专著，想必是废寝忘食吧？其实并没有！在人们清醒的时间里，人们看到的他都在醉心于和名流的骑马和宴会，而在人们看不到的深夜，熊彼特常常读书到黎明。他用这种方法让人们相信，智力超群的他根本不需要花费时间就可以成为学识渊博、夸夸其谈的中心人物。这份虚荣矫饰也是没谁了。

　　熊彼特的这本专著厚达 657 页，内容涉及 5 个不同的版块，每一版块独立成章。这种写作方式导致书中出现大量重复论述，造成这本书的拖沓和冗长，以至于该书并没实现他成为"德国人的马歇尔"

的理想。德国人对此书爱答不理,也未被翻译成英文,直到熊彼特功成名就之后的 1986 年,后来成立的熊彼特学会才将该书再版发行并翻译为英文。

在英国贵族和上流社会中游历的两年里,他将自己以奥地利名流的身份介绍给大家,努力扩张他的社交圈,在最好的饭店和俱乐部同英国上流社会的有钱人会餐。熊彼特总是穿着用英国产的布料定制的昂贵服装,眼神专注地和每一位女性说话。这令他很容易吸引女性,并顺利迎娶了英国贵族女性格莱黛丝。

格莱黛丝并非他的理想伴侣,但格莱黛丝的贵族身份和态度就是熊彼特跻身上流社会的最好名片。两人经过甜蜜期之后,很快进入各自享受多彩生活的阶段。格莱黛丝富有魅力,善于笼络男人,这使她几乎进入滥交的泥沼中不能自拔。他们的婚姻一直维持到 1914 年,在彼此的出轨、背叛和冷漠中,以格莱黛丝爱上一位埃及贵族而结束。当时天主教不承认离婚制度,因此熊彼特进入了单身的已婚人士队伍。幸运的是,战争撕碎了奥匈帝国,也撕毁了过去的一切。熊彼特战后以未婚自称,所以才有了他以后的婚姻。

大学任教:成为奥匈帝国最年轻的经济学教授

1909 年,熊彼特凭借《经济理论的性质和主要内容》回到维也纳申请大学教授的职位。他的梦想是成为维也纳大学的教授。遗憾的是,他的这一梦想终生都未实现。熊彼特以大师自居的傲慢态度令维也纳大学法学院的教授们防备和恼火，没有人想接纳他。即使丝毫感觉不到威胁的庞巴维克，也并没有帮助他获得维也纳大学的教职，只是把"那个活泼的年轻人"推荐到远离维也纳1 000公里的乌克兰切尔诺维茨大学。26岁的熊彼特接受了这一教职，在这所大学中度过两年，期待着回到维也纳大学教书的机会。

1911年，熊彼特的老师庞巴维克力排众议，将熊彼特推荐到奥地利排名第二的格拉茨大学任经济学教授，这让熊彼特成为奥匈帝国最年轻的经济学教授。这份皇帝签署的任命不仅认可了他的学术成就，也肯定了他高贵的外表和优雅的举止，熊彼特自此真正进入奥地利低级贵族的"第二社会"（包括低等贵族和大资产拥有者）的边缘。

1913年，熊彼特通过交流项目来到美国哥伦比亚大学执教一年，其间拜访了哈佛等美国17所大学，作了22场讨论会和讲座，和米契尔、费雪、陶西格、塞利格曼、费特等多位经济学家建立了深厚友谊。他们对"那个杰出的奥地利年轻人"记忆深刻，并最终帮助熊彼特在1932年到哈佛大学执起教鞭。

政治和实业：短暂辉煌后的债务缠身

1914年，第一次世界大战爆发，5 600万人口的奥匈帝国被撕碎，战败国新奥地利仅仅250万人口，边界也不分明。熊彼特的著作是用很少人看得懂的德语写的，作为战败国的子氏，他战后几乎被越来越发达的盎格鲁—撒克逊世界遗忘。熊彼特还是匈牙利人。匈牙利人写什么都不重要,因为战后匈牙利几乎消失了。这也是为什么战后欧洲国家的学者不如美国学者声名远播的重要原因,语言限制了他们思想的传播。

战后的匈牙利一片狼藉,到处是饥荒、停滞和悲伤。极度反对战争的熊彼特想为祖国做点什么来帮助奥地利渡过难关。他的行动引起了奥地利社会主义者奥托·鲍威尔的注意,并推荐其担任战后奥地利共和国联合政府的财政部长。

熊彼特就任后提出了包括征收资本税、稳定汇率、增加税种、提高生产率等政策,其目的是促进经济繁荣,而这恰恰不是社会主义者关心的目标。社会主义者的目标是社会化和实现社会主义。熊彼特和社会主义者之间的矛盾和分歧促使他在 7 个月后即卸任,结束了短暂的政治生涯。

熊彼特失去了财政部部长的职位很伤心,主要因为这使他失去了成名和富有的机会,但他的朋友们认为他可以投身商界和实业来得到补偿。借着前部长的身份,熊彼特在 1919 年 7 月成为迈克尔·拉泽尔·比德尔曼银行的行长,并很快赚了 10 万先令的收入,这份收入足够支付他奢华的生活,包括他养的马、高雅服装、美食美酒和年轻女士陪伴的夜生活。

为了更多的钱,他开始尝试创办公司出任董事长,并通过银行贷款购买资产,资产升值后还贷获得收益。这样的操作持续了差不多四年,直到 1924 年银行危机到来,熊彼特瞬间破产,债务缠身。熊彼特后来差不多用了 15 年才还清了这些债务。此时,比德尔曼银行也厌倦了这位生活铺张、沉溺于不可靠商业交易的负债者,在1924年9月解除了他的职务。

爱与性:第二次婚姻带来一辈子的伤痛

1919—1924年这段时间,熊彼特的经历就是不断挣钱和亏钱,没有工作,没有从政和从商的可能性,身背巨额债务。而他此时的私生活也不顺利,有人看到他公然带着情妇游荡,也有人发现他和几位妓女同吃同住。他因为生活放荡而备受指责。

1919年时,熊彼特母亲的邻居是一个工人家庭。这个家里17岁的女儿安妮和37岁的熊彼特约会过几次,之后安妮就去法国巴黎给富人做女佣,而熊彼特继续忙于赚钱和破产。1924年,腹背受敌、穷困潦倒而又内心高傲、外表高贵的熊彼特搬回妈妈家居住,再次遇到安妮。他结束了放荡生活,安妮也结束了和他人的恋爱。熊彼特向朋友隐瞒了安妮曾经是女佣的经历,安妮也隐瞒了自己曾经为他人堕胎的经历。1925年,42岁的熊彼特和22岁的安妮在维也纳成为正式夫妻。

安妮的爱鼓舞了熊彼特,他再次走上学术之途,于1925年就任德国波恩大学经济学教授。新爱人、新职业、新国家、新事业,波恩似乎给了熊彼特新生,让他再次面对光明的未来。然而,上帝似乎真的想折磨熊彼特,1926年6月,熊彼特的母亲去世了,8月,安妮因产后大出血而去世,刚出生的孩子也只存活了3个小时。幸福的家庭瞬间消失了,熊彼特掉进了极度悲伤的冰窟窿,这几乎令他发疯。

他将妻子埋葬在大学附近的墓园中,每天都会将一枝玫瑰放在妻子的墓碑前。家里始终保持妻子在时的模样,甚至每天抄写安妮的日记,并在空白的日期里写上:"空白、空白、但我们在一起。"后来,他又在每一页添加了祷告:"妻子、母亲,保佑我""我满心想的都是你""母亲和主人,我生命的幸福和快乐!"

他反复重抄安妮的日记,反复咀嚼自己的悲伤。尽管这种悲伤看起来在后来的日子里渐渐淡化了,但是在熊彼特内心深处,禁锢了他的后半生。熊彼特不再跳舞,看起来仍然有魅力的他不再喜悦。医生诊断他罹患抑郁症,症状是精神忧郁和轻微狂躁。他彻底变了,从此只能把全部精力奉献给研究,在抑郁中勉强打发着日子。他多次在日记中写道:"不求快乐,但求平静。"

波恩到哈佛:最终花落美国18载

1927年,熊彼特在情人米娅帮助下逐渐走出深渊。他重新振作起来,除了偶尔发作一下的抑郁和狂躁之外,熊彼特看起来已经恢复了一个教授的风采。穷困至极的他为了躲避债主、疗愈心伤,更为了维持自己在美国经济学界业已建立的良好声誉,在44岁时接受哈佛大学之邀,离开欧洲来到美国。

哈佛大学经济系元老陶西格是促成熊彼特此行的推动人,也是熊彼特在哈佛工作生活中超越同事关系的挚友。熊彼特对陶西格不仅有尊敬,还有对父亲一般的爱;而陶西格则无微不至地关怀熊彼特的一切,帮助他成为一个真正的哈佛人和美国人。这种关系让熊彼特感觉温暖。在这样一个全新的温暖环境中,熊彼特生机勃勃,用勤奋工作掩盖内心中永远无法拂去的对安妮和母亲的思念。

1928年夏季,熊彼特结束哈佛之旅回到波恩大学执教。从丧妻、丧母、丧子之痛中逐渐恢复的熊彼特和过去截然不同:他的生活只致力于思考、工作、阅读和写作;他对时事漠不关心,也不阅读报纸和收听广播,对党派和政治一点不感兴趣,不参加任何一个组织,也不参与任何实业投资;没有多少钱,也没有权高位重的朋友,只醉心于和学生、同事之间的学术交流。

回到波恩的熊彼特仍然和米娅生活在一起。但在熊彼特看来,他们之间仅只是肉体之爱。米娅不理解他的工作,从来也不愿意接触经济学知识。尽管她几乎把生命奉献给了他,他却始终认为她和他之间有不可逾越的鸿沟。他继续每天到安妮的墓碑前放玫瑰花,继续重抄安妮的日记,继续在日记中添加祈祷。他的爱只属于安妮。

1930年,47岁的熊彼特再次受邀来到哈佛大学执教,这次他住在陶西格家中。这一年的12月29日,熊彼特主持会议,和其他15位经济学家共同讨论建立了世界经济计量学学会(Econometriz Society),推举费雪为第一任会长。

哈佛大学一直期望熊彼特可以长期执教,但熊彼特还是在1931—1932年回到了波恩大学,直到1932年春天熊彼特决定长期执教哈佛大学。对外宣称的理由是,哈佛的工作条件要比波恩大学好得多,不仅可以赚更多钱(这对于负债累累的熊彼特来说太重要了),而且哈佛大学很能帮助熊彼特声名远播。自认为世界最伟大经济学家的熊彼特,最终自然会花落哈佛。

1932年夏季,熊彼特离开德国波恩,离开米娅,开始了美国的新生活。

哈佛大学:遇到第三次婚姻

熊彼特在哈佛大学开设研究生课程,讲授经济学理论、经济趋势和波动等。随着熊彼特、里昂惕夫、哈伯勒、汉森等新鲜血液的注入,和他们培养的卓越学生梅森、张伯伦、哈里斯等人的涌现,哈佛大学研究生经济学教育进入黄金时代。

1935年,50岁的熊彼特遇到了35岁的哈佛大学经济学博士伊丽莎白。当时伊丽莎白刚刚和第一任丈夫离婚,两人很快坠入爱河,从同事迅速转变为情侣。伊丽莎白生活能力极强,而且有一种母鸡护小鸡般的母性热情,而熊彼特自小就被人照顾生活。这两人的结合不仅提供了床笫之欢,而且给予了熊彼特无微不至的关怀。从工作到生活,伊丽莎白都是名副其实的能手。

伊丽莎白认定了熊彼特,一厢情愿地全心全意爱着熊彼特,不在乎熊彼特偶尔发作的抑郁症状况,愿意照顾熊彼特的后半生。她不停催促怀念安妮的熊彼特结婚。到1937年的夏天,39岁的伊丽莎白迫切想说服54岁的熊彼特结婚,并承诺她将帮助他工作,通过承担非学术性负担来为他提供宁静的学术环境。伊丽莎白一次一次的请求终于说动了熊彼特，尽管熊彼特知道他对她的爱并不像对安妮那样激情澎湃，他也怀疑自己是否能接受婚姻的束缚。他们在 8 月份举行了婚礼。

伊丽莎白的确做到了她承诺的一切。

熊彼特床头一直放着安妮的照片。伊丽莎白知道熊彼特对前妻和母亲的执着感情，这并不影响他们之间的爱和生活，她包容他的这种执着。到 1941 年，58 岁的熊彼特抑郁症加剧了，伊丽莎白仍然全身心地爱护和帮助他。

二战期间，哈佛教授都是亲英、反日、反德的，而唯有熊彼特夫妇却持反对美国政策的主张。这不仅令他们频繁接受联邦调查局的指控和审查，也让他被同事们疏远了。在这种情况下，熊彼特的抑郁症越来越严重了，甚至认为自己是跌跌撞撞走向坟墓的人。在这段艰难的日子里，伊丽莎白是熊彼特忠诚的战友和坚决的支持者。

二战后，哈佛的政治情绪缓和，熊彼特的环境好了很多，但是却因为无处不在的尊崇凯恩斯理论的气氛而郁郁寡欢。加之在 1947 年 5 月，熊彼特得知曾经共枕 6 年之久的情人米娅和丈夫被纳粹在南斯拉夫秘密逮捕并处死，这再次沉重打击了老年的熊彼特，也令他对伊丽莎白的依恋更强了。

1948 年，伊丽莎白被诊断为乳腺癌，手术后存活了 5 年。在这未知的 5 年里，垂垂老矣的熊彼特重新审视了他们的婚姻生活，终于认知到伊丽莎白的存在是多么重要，他是多么依恋她。熊彼特再次落入失去妻子的风险中,他的抑郁症更厉害了。

1950 年 1 月 8 日凌晨,熊彼特在睡梦中去世了,和他深爱的母亲和安妮会面去了。1953 年,伊丽莎白癌症复发,也去和他们团聚了。

对于学术界来说,伊丽莎白最大的贡献是整理出版了熊彼特的《经济分析史》。1942 年前后,伊丽莎白就发现了这些手稿并开始整理,直到熊彼特和伊丽莎白都去世之后才出版。熊彼特的手稿散落各处。而他从年轻就有一个习惯,不谈论自己的论文,尤其是在论文写好之前,绝对只字不提,没有人知道他正在研究什么。这也导致在熊彼特去世之后,人们对他的手稿无从下手。只有伊丽莎白凭着对熊彼特思想的熟知和对其笔迹的了解,才保证这套传世之作得以面世。在伊丽莎白去世之后,哈伯勒教授和里昂惕夫教授接手了这份工作,直到《经济分析史》1954 年被牛津大学出版社出版。

23

熊彼特 vs 凯恩斯：
既生瑜，何生亮？

熊彼特以创新企业家的兴衰来解析资本主义经济的成败，这深深影响了管理学之父彼得·德鲁克。德鲁克写道："在两次世界大战之间，没有一个人比凯恩斯更有才华，更为聪明。熊彼特则正好相反，平淡无奇，枯燥无味——但他有智慧。聪明可风光一时，智慧则可显耀千秋。"

熊彼特最为人知的理想是成为"全世界最著名的经济学家,奥地利最潇洒的骑士,维也纳最出众的情人"。在他 60 寿辰时,他告诉朋友们,他的理想还有"成为有造诣的艺术鉴赏家,成为成功的政治家"。然而,不论是三个还是五个,因为遭遇了凯恩斯,第一个理想成为了他一生的遗憾。

维也纳最出众的情人

　　熊彼特从进入维也纳大学之后,就成长为一位漂亮的男青年。他满头棕色头发,身材瘦削,衣着时尚。在伦敦、开罗和维也纳期间,他热衷于聚会,喜欢美酒、女人和财富。他会用华丽的辞藻和赞美的话语,用最热切的关注和女性交谈。加上其浮夸的贵族作风,很容易吸引已婚和未婚的女性,并成就一段段浪漫的情人之爱。

　　熊彼特一生有数不清的情人,即使在最爱的安妮去世后,他身边也一直有情人陪伴。在他内心中,安妮是刻骨铭心的爱。带着对安妮的爱和思念,熊彼特后半生一直与各色妓女和情妇保持关系,即使进入第三次婚姻之后也没有收敛。这似乎证明他实现了"维也纳最出众的情人"的理想。

奥地利最潇洒的骑士

熊彼特自从成为凯勒副元帅的继子之后，骑马成为他酷爱的运动，并自认为是个了不起的骑手。作为元帅的儿子和维也纳的精英，怎么可以不会骑马呢？他养了一马厩的马，还包括一匹赛马，一有时间就会展示他的骑士风采。

他第一个教职是切尔诺维茨大学教授。在他上班后第一次教学会议时，他就因为骑马而迟到很久。那天所有教授都身穿黑色毛料套装严肃地坐在桌前，而他却穿着一身骑马装闯了进来。面对人们的错愕，熊彼特鞠躬道歉，并解释学院的开会时间和他骑马时间太接近，以至于没有时间换衣服。这似乎证明他也实现了"奥地利最潇洒骑士"的理想。

全世界最著名的经济学家

"全世界最伟大的经济学家"这一理想，熊彼特始终没有实现。他始终是"全世界最著名经济学家之一"。毋庸置疑，与熊彼特同年出生的凯恩斯，才是 20 世纪"全世界最著名的经济学家"。

他们同一年出生。在熊彼特 20 世纪 20 年代造访英国时，他们也曾共进午餐,甚至还通过几次信。然而,他们之间的任何交谈和通信都不曾涉及任何学术讨论和建立友情。从学术到生活,他们两个人似乎没有任何的共同点。

1935 年秋天,凯恩斯尚未出版的《通论》就已经在哈佛传播开来。凯恩斯说服世界相信,他所提出的以扩大政府支出来对治经济大萧条的办法是正确的。1936 年,《通论》正式出版,席卷英美经济学界,几乎全世界都在谈论《通论》。这令熊彼特非常恼火,他认为这本书既无价值也迷惑人心。他对凯恩斯并没有羡慕和嫉妒,但是看到同事们都在谈论凯恩斯,他的确不高兴。

1939 年,熊彼特出版了《经济周期》。他希望经济学家们能够将注意力转移到从理论、历史和统计的视角来理解经济,而不是为国家提供经济政策。然而,人们认同他的学识,却没有人遵循他的理论。凯恩斯主义照样高歌猛进。

1940 年,熊彼特的学生为了表达对熊彼特的敬意,组织了《经济周期》研讨会。然而,这场研讨会却出人意料地证明了几乎还没有人真正看过《经济周期》。即使看过的学生,也是带着凯恩斯的眼镜去挑剔这本书不具有政策意义。

熊彼特的内心是郁闷的。1937 年来到哈佛的汉森是熊彼特的好友,他曾经也是经济周期专家,并严厉批评过凯恩斯的政府干预思想。可是很快汉森就调转船头,随着凯恩斯乘风破浪去了。熊彼特的内心无比凄凉,他说:"我的痛苦是我看到到处都是凯恩斯,我讲稿的每一页都是凯恩斯……我自己去哪里了?"

凯恩斯是英国传统,认同资本主义,认为资本主义必然永世长存,而萧条只不过是非均衡就业的一场病,只要吃了他开的药方,资本主义必然恢复盎然生机。因此,凯恩斯注重社会改良,关注短期,批判储蓄,建议政府通过总需求管理和扩张性政策救治经济。

熊彼特则是欧洲大陆传统,认为大萧条是经济体对之前政府错误政策的产物。他坚持古典经济分析框架,而凯恩斯则想通过推翻古典理论来建立自己的王国。凯恩斯总是斗志昂扬地尖刻批判他的反对者,而熊彼特总是安静地写着自己的思想,从未对凯恩斯及其追随者进行任何攻击。他说:"我不推荐任何政策,也不建议任何计划。"

总的来说,在这场学术竞争中,凯恩斯大获全胜。在学术观点上,凯恩斯认为熊彼特不过是老奥地利学派的骨灰,熊彼特则认为凯恩斯的收入理论毫无道理可言;在政治主张上,熊彼特强调自由,凯恩斯强调政府干预;在生活上,凯恩斯曾经放荡不羁,同性恋倾向始终存在,而熊彼特的目标之一是成为维也纳最出众的情人,对于醉情于美好异性恋的熊彼特来说,同性恋令人厌恶。

尽管二者的观点如此不同,20世纪30年代以后,凯恩斯不理睬熊彼特,熊彼特也瞧不起凯恩斯,但在学术上二者却从未彼此诋毁。凯恩斯的《货币论》就完全接受了熊彼特的经济周期理论,而熊彼特则把《经济分析史》的一章留给了凯恩斯,那就是"从马克思到凯恩斯"。

聪明的术 vs 智慧的道？

20 世纪 70 年代，随着美国滞胀的到来，凯恩斯主义百般武功尽废，不得不退出闪耀的舞台。借着哈耶克和弗里德曼卷起的自由主义旋风，熊彼特经济学卷土重来。企业家和创新在经济中的作用日益重要，古典理论再次登上历史舞台，曾经不可一世的经济学家们如同熊彼特期望的那样变得更为谦卑。

1942 年，熊彼特的《资本主义、社会主义与民主》出版，该书从社会精英角度切入，为解释经济变化和解决政治困境提出了新思路：在经济领域以创新企业家（经济精英）的兴衰来解析资本主义经济的成败及社会主义的产生；在政治领域以精英的上下流动解决民主的困境。这深深影响了管理学之父彼得·德鲁克。

1983 年 5 月 25 日，熊彼特和凯恩斯的照片登上《福布斯》杂志的封面，在凯恩斯的面前有 8 支蜡烛，在熊彼特的面前却只有 1 支，暗示纪念凯恩斯的人要远远多于熊彼特。尽管如此，德鲁克在这期杂志的文章中写道：

> 在两次世界大战之间，没有一个人比凯恩斯更有才华，更聪明。熊彼特则正好相反，平淡无奇，枯燥无味——但他有智慧。聪明可风光一时，智慧则可显耀千秋。

在德鲁克的评论中，凯恩斯和熊彼特的区别也许就在于"聪明的

图 23.1　1983 年 5 月 23 日出版的《福布斯》杂志

术"和"智慧的道"的不同。然而，任何理论到底是不是人间大
道，这需要时间的验证。20 世纪的大萧条至今不足百年，这么短的时
间实难作出云泥之判。

　　在这 90 年中，凯恩斯将马克思理论逐出西方国家的大学课堂，
将哈耶克从英国打回奥地利，让熊彼特在教学生涯中壮志未酬。即
便在古典自由主义重新登上历史舞台后，舞台上的凯恩斯干预主义
思想也从未消失过，不论美国还是中国。

　　孰是孰非，留与后人评说！

第五篇

弗里德曼和他的野心

24

弗里德曼:
备受争议的新自由主义领军人

1976 年,弗里德曼被授予诺贝尔经济学奖。瑞典官方为他配备了 24 小时安保,但仍有 5 000 人聚集在大厅外,抗议诺奖颁给弗里德曼。大厅之内,在颁奖礼进行到弗里德曼正要发表获奖演说时,突然在门厅的大门处出现一位穿着燕尾服的男士,高举双手用英语大喊:"打倒资本主义,智利自由万岁!"

自二战以来,经济学江湖上便分立为对立的两大派系:承继自凯恩斯的干预派和承继自古典经济学的自由派。两派之间的江湖恩怨无休无止,武功招数日新月异。时至今日,二者的江湖霸主之战仍如火如荼。

　　作为各国朝廷的首选,干预派因其能短期内带来经济繁荣的表象而深得政客的欢心。每每政客选举之时,必然倡举几条政府助经济腾飞的口号,引得民众纷纷倒屣相迎,干预派的江湖豪客也就登堂入室指点江山了。

　　自由派这几十年来却荆棘塞途、命运多舛,这多半因为自由派的招数非远道无以知骥,这对于四年一任期的政客们来说,无法实现其一捆一掌血的赫赫之光。比如,奥地利学派的第三代掌门米塞斯,自匈牙利迁居美国后,没有一所知名大学为他提供过任何职位。其学生哈耶克的命运也是铩羽涸鳞,若不是诺贝尔经济学奖的拯救,恐怕也只能郁郁而终了。

　　今天要说的就是这命运多舛中的一员矮小猛将,掀起凯恩斯反革命的新自由主义领军人物,货币主义的创立者弗里德曼。弗里德曼一生备受争议,在获得诺贝尔经济学奖的鼎盛时期,弗里德曼与政治、暗杀、抗议联系在一起,这在经济学说史上是绝无仅有的。本文介绍其一生中遭遇众多非议中的四次。

22 岁:凯恩斯的拒绝和庇古的批评

1934 年,弗里德曼在芝加哥大学开始博士学业,并打出了他在江湖立足的第一记重拳——针对资深剑桥学者的批评文章《庇古教授以预算数据测算需求弹性的方法》,并将文章邮寄给剑桥大学凯恩斯主编的《经济学杂志》,同时给庇古(Arthur Cecil Pigou,1877—1959)教授邮寄了副本。很快,弗里德曼收到干预派掌门人凯恩斯的回复:"我不能采用。"庇古教授的批评意见随后而至。

弗里德曼随即将文章发表在哈佛大学的《经济学季刊》(1935 年11 月)上。这记重拳打得 58 岁的庇古教授怒火中烧,撰文痛斥弗里德曼这个后生小子狂妄。弗里德曼随即又将庇古教授的批评和自己的回复发表在《经济学季刊》上,引发了一轮江湖纷争。

20 年后,弗里德曼出访英伦,试图拜会年逾古稀的庇古教授,为自己 20 年前的年少轻狂致歉。庇古教授手书纸条一张,自称老朽,拒不接见:

> 我已经 196 岁了,而且对经济学的话题过敏。如果你坚持要来,又能找到一个类似卡尔多(Nicholas Kaldor)的人在我接受手术时来控制我的手,那你就来吧。

弗里德曼深感遗憾,悻悻而归。

尽管未得到老人的原谅,弗里德曼却在这场争论中崭露头角。不得不说,激怒老江湖的确是新人出头的一种捷径,弗里德曼深得其意。

28 岁:威斯康星大学的校园政治

1940 年,弗里德曼接受了威斯康星大学年薪 4 000 美元的副教授职位。当时威斯康星大学经济系内部关系复杂,尽管年轻学子勤学好问,但老教授们却不思进取、心胸狭隘,彼此嫉妒、背后诽谤的情况比比皆是。

弗里德曼的教学威望,威胁到了某些讲授同类课程教授的地位。当弗里德曼任职一年,学校决定其去留之际,经济系内斗争趋于白热化。充满求知欲的 17 位研究生联名请求弗里德曼留任,而那些受到弗里德曼威胁的教授们则群起而攻之。经济系的某些教授找到了媒体,在威斯康星州报《州府时报》上发表了题为《某讲师或可获薪资 3 500 美元的教授岗位　威大经济系不满情绪高涨》的文章。几天后,该文章被《时代》(Time)和《州杂志》(The State Journal)转载,校董事会只得表态不再考虑弗里德曼的任职一事。

弗里德曼最终离开威斯康星大学,另谋高就。

这场校园斗争表明,表现得明显优于别人是招致非议的根源。对于年轻人来说,既要江湖盛名,又要磨盘两圆,看来是无法两全。弗里德曼选择了锋芒毕露。

34 岁：与古典自由主义协会绝交

1943 年，美国包括房租上限控制在内的物价管制生效，弗里德曼撰文《房顶，还是天花板?》批评房租管制，此文 1946 年收录在美国经济学教育基金会《关于当代问题的热点文章》的第一卷第 2 册中。这是弗里德曼第一次涉足公共政策的争论。

美国经济学教育基金会并非官方组织，而是由伦纳德·里德在古典自由主义者米塞斯鼓舞下，自行募集资金成立的一个旨在支持古典自由主义学者的私人机构。该机构为散落在美国各地的古典自由主义者提供了精神家园，对抗方兴未艾的国家干预。

该基金会尽管资助弗里德曼、奈特、西蒙斯等芝加哥学者出版专著，但基金会的重要职责之一，就是要对抗这些芝加哥学派的新自由主义学者。古典自由主义和芝加哥新自由主义貌似都追求自由，但是对自由的定义差别很大。在古典自由主义者眼里，追求新自由主义的芝加哥学派根本就不是自由主义，而是社会民主主义的翻版。

这点体现在古典自由主义者米塞斯、哈耶克和弗里德曼的争论上。前面我们介绍过，哈耶克在 1947 年创建了朝圣山协会，在第一次会议上，米塞斯、哈耶克和弗里德曼就发生了激烈冲突。哈耶克认为朝圣山协会第一次会议的目的就是为古典自由主义辩解，并严格区分古典自由主义和新自由主义。面对弗里德曼对政府作用的肯定，米塞斯当即大喊："你们全都是一群社会主义者!"旋即立身拂袖而去。

米塞斯和哈耶克的态度奠定了朝圣山协会最初 10 年的基调。弗里德曼此后 10 年都没有参加过会议。正是这群把新自由主义者称为社会主义者的人们创建了美国经济学教育基金会，所以就不难理解，该基金会尽管资助新自由主义者的研究，但在百花齐放之下暗流汹涌。

在《房顶，还是天花板？》一文中，弗里德曼认为限制房租价格的所谓平等行为极其愚蠢，根源上解决收入分配问题才是真正的平等。这话触动了古典自由主义者的神经，他们认为弗里德曼将平等置于自由之上，这纯粹是"对我们所厌恶的某些集体主义者观点的认可"。

评论员罗伯特·班斯在《美国经济评论》上撰文批判该文是"政治传单"，认为"如此胡说八道的经济学家并没有在他们的专业领域中尽职尽责"。而基金会也要求弗里德曼删除其中令人不快的文字，被弗里德曼拒绝了。之后，在未经弗里德曼同意的情况下，基金会擅自在文章末尾添加附文，暗示弗里德曼观点是将平等置于自由之上。

这彻底激怒了追求自由的弗里德曼，自此永远断绝了和基金会的任何交往。

从上述冲突可见，自由主义者阵营内部古典自由主义者和新自由主义者之间的冲突一直存在。相比于自由放任的古典自由主义者，肯定政府存在价值的新自由主义者的境遇更好一些。居庙堂方得世间名利，这或可解释弗里德曼和米塞斯、哈耶克二人的根本区别。

43 岁后："芝加哥男孩"引发的长期抗议

1976 年，弗里德曼被授予诺贝尔经济学奖。由于担心抗议游行，瑞典官方为弗里德曼夫妇配备 24 小时保安，并保护弗里德曼夫妇从厨房的后门进出音乐大厅。尽管如此，大厅外聚集了 5 000 人左右抗议授奖给弗里德曼。大厅之内，在颁奖礼进行到弗里德曼正要发表获奖演说时，突然在门厅的大门处出现一位穿着燕尾服的男士，高举双手用英语大喊："打倒资本主义，智利自由万岁！"

　　为何会出现这样的场面呢？这要回溯到 1955—1964 年间，芝加哥大学和智利天主教大学签订协议，在美国国际发展机构资助下，为智利天主教大学的学生提供奖学金来芝加哥大学深造。这些智利学生被称为"芝加哥男孩"（Chicago boys，见图 24.1），他们在芝加哥大学接受了自由市场经济的思想，这些思想随着他们回国进入政府决策层。

图 24.1　"芝加哥男孩"

1975 年,智利经济步入严重通胀,军方领导人皮诺切特将军找到芝加哥男孩,并在这些男孩的指导下实施了推进自由市场的休克疗法。就在这一年,弗里德曼到访智利,与独裁军政府皮诺切特进行了会晤。至此,弗里德曼被媒体认为是"操纵智利经济的经济学家团队的思想设计师和非正式顾问",这遭到了真正追求自由的人们的抗议。

1976 年 8 月,担任过智利驻美国大使的奥兰多·列特利特在《国家》杂志发文《经济自由的可怕钟声》,指责华盛顿和弗里德曼支持法西斯军阀政府,以折磨人民为乐,这完全是卑鄙、肮脏和泯灭人性。之后不久,列特利特就在华盛顿遭到暗杀。《商业周刊》发文指责弗里德曼和中情局的关系暧昧,弗里德曼在暗杀事件中无法撇清干系。

紧接着,就是 1976 年的诺贝尔颁奖礼的到来。此后近 10 年,抗议如影随形。《华尔街日报》《纽约时报》等纷纷刊文均发表了谴责弗里德曼的文章,弗里德曼此后的各种演讲也是伴随着现场的抗议活动。直至 1981 年,智利经济回暖,大众才逐渐消退了对弗里德曼的指责。

25

弗里德曼+哈耶克：
把凯恩斯埋葬在这春天里

弗里德曼有和哈耶克一样追求自由的心，却使用凯恩斯的总量分析武功行走江湖，这让哈耶克非常不满，在会议上与弗里德曼不欢而散。哈耶克不相信政府，警告追随者们要远离政治；而弗里德曼却承认政府存在的必要性，利用所学积极靠近政府，庙堂之上到处看到他的身影。

时来天地皆同力,运去英雄不自由。

所谓时势造英雄,经济学江湖霸业无不成就自风云变幻的经济社会现实。不同的时代,不同的政府,不同的经济社会现实,需要不同的思想和理论来武装,而这些思想和理论成就了一位又一位纵横天下、亿民敬仰的大英雄。

哈耶克的黎明

前文说道,20 世纪 30 年代至 70 年代,凯恩斯干预主义经济学派在欧美大陆雄霸天下,无人可敌。各国政要纷纷询迁询谋,凯恩斯主义一时间风头无两。

二战之后,凯恩斯经济学在美国的分支是麻省理工学院萨缪尔森为代表的新古典综合派。该学派承继凯恩斯总需求不足的理论,完善提出了菲利普斯曲线,昭示着政府完全有能力在创造充分就业的同时而不引起通货膨胀。而凯恩斯的门徒哈罗德和哈佛大学的多马则利用卡恩乘数建立了"哈罗德—多马模型",预测了减税能有力推动经济增长。

1965 年,《时代》杂志将年度人物的荣誉颁发给已经去世的凯恩斯。政府里实施政策的都是哈耶克痛恨的"规划者",他们相信政府的干预足以盛世永存:工人们的生活蒸蒸日上;消费主义取代了简朴主义,各种家用电器、小汽车、飞机旅行成为日常;美国创造着一个又一个经济奇迹。凯恩斯主义像一剂神药,激醒了沉睡的力量。歌舞升平、国富民安的盛世已然来临。

盛世从来都有完结的时候,美国二战之后的繁荣持续到 60 年代末。到了 1971 年 1 月,尼克松总统宣布"我在经济方面是凯恩斯主义者"时,他并没有想到,石油输出国组织在 1973—1974 年为了惩罚美国在赎罪日战争中向以色列提供军火,将石油价格提高到了之前的 4 倍。紧接着到来的价格上涨和失业率大增,狠狠甩了凯恩斯主义一耳光。

经济颓势令人们怀疑一直以来的歌舞升平是否只是假象,凯恩斯主义也许根本就是毒品一样的迷幻剂。醉梦醒来,人们发现一切如旧。这唤醒了人们对政府干预的不满,也唤醒了对个体自由力量的渴望。

而此时此刻,蛰伏在奥地利小城的自由斗士哈耶克也在等待机会,等待一个将凯恩斯主义埋葬在春天里的机会。哈耶克曾经败在凯恩斯手下,年轻时一统江湖的大梦未完成,自己却节节败退到家乡,每日在抑郁中煎熬。哈耶克生活是拮据的,内心是忧虑的,虽然身处江湖之远,仍然不忘庙堂之上。也许,此刻,最黑暗的时候已经过去,黎明已经悄然而至。

"刺客"弗里德曼登场

前文提到,哈耶克创建了自由主义者的联盟——朝圣山协会,在第一届会议上,当时35岁的芝加哥大学教授弗里德曼在妻兄的带领下,与哈耶克有了第一次争论。尽管弗里德曼(图25.1)和哈耶克都视自由为生命,但弗里德曼与哈耶克的路数却不同。

图25.1　老年的弗里德曼

弗里德曼欣赏凯恩斯总量分析的方法,颂扬凯恩斯开创了总量分析的宏观经济学,肯定凯恩斯在方法上的成就,但否定凯恩斯带给政治和社会的影响。在这一点上,弗里德曼赞同哈耶克的立场:"善意的独裁迟早会导致极权社会"。弗里德曼有和哈耶克一样追求自由的心,却使用凯恩斯的总量分析武功行走江湖,处处为凯恩斯歌功颂德。这导致哈耶克极端不满,并在会议上与弗里德曼不欢而散。

哈耶克不相信政府，警告追随者们要远离政治；而弗里德曼却承认政府存在的必要性："大多数时候，政府高效率地履行权利比它低效率要好，尽管不见得永远如此。"弗里德曼利用所学积极靠近政府，庙堂之上到处看到他的身影。1964 年，弗里德曼支持戈德华特的总统竞选，声势浩大的竞选演讲将弗里德曼自由主义传播远扬。萨缪尔森激烈抨击弗里德曼，将其观点追溯到哈耶克的《通往奴役之路》，这抨击让人们开始相信，弗里德曼就是哈耶克的继承人，尽管他们两个从方法到对政府的态度截然不同。

然而，戈德华特竞选失败，弗里德曼自由思想横扫江湖的努力失败了。

自由主义的春天

1974 年，对于凯恩斯主义来说，是走向坟墓的末路，而对于自由主义者来说，却是 30 年寒冬之后迎来的第一缕春风。这一年，哈耶克获得了诺贝尔经济学奖，同时获奖的还有凯恩斯主义者缪达尔。这一场颁奖礼是尴尬的：哈耶克认为诺贝尔奖失却理论自由的天平，该奖根本不该存在；而缪达尔则谴责委员会将奖项授予"反对派"哈耶克。

不论哈耶克如何不认可这一奖项，这一奖项所带来的荣誉立即治好了他的老年抑郁症，并为他带来了荣誉和金钱。他不仅过上了富足的小日子,而且也为自由主义者开辟了新天地。他获奖演说都不忘记严厉抨击凯恩斯经济学是庸医,令失业和通货膨胀雪上加霜。

英国铁娘子撒切尔夫人(图 25.2)在这年看到了哈耶克的《通往奴役之路》,兴奋之情无以复加,她将书"啪"一声拍在桌子上,大喊着:"这就是我们信奉的东西!"撒切尔夫人上台之后,大刀阔斧缩小政府规模,紧缩货币,实行国有企业私有化。对于左派的质疑,她高傲地说:"我极度崇拜哈耶克教授。"她不仅去拜会每年来到伦敦经济学院讲学的哈耶克,还邀请弗里德曼共进晚餐,立场坚定地选择了自由主义的道路。

图 25.2　撒切尔夫人

两年之后,弗里德曼也获得诺贝尔经济学奖。在获奖感言中,弗里德曼高度赞扬奥地利导师哈耶克(图 25.2)。这一呼一应之间,一笑泯恩仇。曾经的争论烟消云散,两个自由主义斗士终于走到了一起,为彻底埋葬凯恩斯厉兵秣马。

图 25.3　弗里德曼(左)与他的奥地利导师哈耶克(右)

凯恩斯主义的末日

1979 年石油输出国组织第二次上涨石油价格,加上美联储主席沃尔克调高利率的冲击,美国经济泥足深陷入滞胀之中。人们对政府一直以来的政策已经忍无可忍,加之撒切尔夫人自由化政策带给美国人民的鼓励,二流电影明星里根(图 25.4)走上了他的竞选之路。

1980 年,里根作为共和党候选人和蔼可亲地问台下的选民:"你们过得比 4 年之前更好吗?""不!"人们充满愤怒和渴望的响亮回答昭示着对新政府的期待。

里根总统演艺生涯并不辉煌,但他却是个读书人。看看杰出人物的传记,多数都是喜欢读书的人,也许你和伟人之间就是一摞书的距离吧。里根不仅拜读过哈耶克的《通往奴役之路》,也读过弗里德曼的《资本主义与自由》。外表英俊的里根崇尚自由主义,痛恨累进税制度剥夺了他辛苦挣来的出场费,甚至令他几乎经济破产。他坚信是政府这个浪费、腐败的庞大系统在吸食人们的劳动收入,必须扭转政府这一恶举。

图 25.4　撒切尔夫人与里根总统

随着里根入主白宫的步伐,自由主义大旗迎着风展开,凯恩斯主义者备受冷落,在理论舞台和政策实践中节节撤退。里根上任之后,放弃需求管理,为供给侧注入能量,降低税率,放松管制,释放自由市场的力量,经济出现了持续增长。这使得弗里德曼志得意满地宣扬:我的地盘我做主,自由主义是老虎!

凯恩斯主义看似走到了尽头。

凯恩斯主义并未死去

很多人以为不断扩张的政府已经远去,需求管理的政策已经消亡,凯恩斯经济学的余孽也已经被割除干净。哈耶克关于政府干预会演变为暴政的警告也越来越受欢迎。曾经的社会主义国家纷纷在自由的呼声中解体演变,一个个新的资本主义国家重新出现。

然而,凯恩斯主义真的烛尽光穷,成为记忆中一丝云烟吗?

也许。看看里根总统的"星球大战"计划(图 25.5)和庞大的赤字规模,那似乎是顶着哈耶克的行头,唱着通过扩张国防开支增加总需求、促进就业和产出的凯恩斯大戏。索洛一语中的地指出:"这是财政赤字扩张性增长的经典案例!"加尔布雷斯的评价更加令人玩味:"这是由不真正理解凯恩斯,对他持批评态度的人完成的。这就是不由自主的匿名凯恩斯主义!"

图 25.5　里根的"星球大战"计划

自此,进入后凯恩斯阶段。美国经济学家对凯恩斯和哈耶克的理论进行折中,循着凯恩斯和哈耶克当年大战的路线,逐渐分化为"咸水派"(saltwater school,位于美国东西海岸的高校)和"淡水派"(freshwater school,位于五大湖附近的高校),前者更趋向凯恩斯,后者更趋向哈耶克。两派之争一直持续到今天,他们的名头分别是"新凯恩斯经济学"(new Keynesian economics)和"新古典宏观经济学"(new classical economics)。

江湖事总是沧海桑田。来路不同的两派人马,武功套路却越来越相近。你中有我,我中有你,物换星移,越来越难分彼此,只是两者各为其主,忠实于不同的信念。打打杀杀还将继续,未来的历史将会有新的英雄来书写。

第六篇

经济学家的脸孔

26

电机工程师菲利普斯画的那条线

萨缪尔森和索洛拾起了这篇静默蒙尘的论文，于 1962 年发表了《关于反通货膨胀政策的分析》，正式以 "菲利普斯曲线" 来命名通货膨胀率和失业率之间此消彼长的关系。自此，菲利普斯曲线作为凯恩斯主义的理论基石，成为全世界资本主义国家唯马首是瞻的理论大旗。

做博士论文之前,某教授问我:"你准备做什么题目?"我说:"想研究费尔普斯的经济思想。去年翻译了大量费尔普斯的著作,对他很感兴趣。"某教授接着说:"菲利普斯啊,很多人研究他了,你很难研究出新意来。"我没有再接话,因为我知道,教授把"菲利普斯"和"费尔普斯"搞混了。

图 26.1　菲利普斯

菲利普斯、费尔普斯、菲尔普斯三位都是名人,可是名字还真容易混淆。菲尔普斯(Michael Phelps)是著名的奥运冠军,伟大的飞鱼;费尔普斯(Edmund Phelps)是新凯恩斯经济学著名学者,2006 年诺贝尔经济学奖获得者;菲利普斯(William Phillips,1914—1975)则是英国一名多重职业者,曾经拟合出一条著名的曲线,这 70 年来,一直在宏观经济学的教材中是个神一样的存在。

今天咱们要说的,就是这神一样的菲利普斯曲线。有些人,他的存在并不是为了证明自己的伟大,而是为了创造他人的辉煌,菲利普斯就是这样一个播下火种的人。

菲利普斯 1914 年出生于新西兰一个贫苦的农民家庭,因家庭贫寒,不得不从小就做了童工,职业经历包括金矿采矿工、鳄鱼捕猎员、影院管理员等。在饥寒交迫、困苦无助的打工生涯中,怀揣梦想的菲利普斯一直坚持自学电机工程,并在 23 岁那边辗转来到英国,成为伦敦电力局的一位获得大英电机工程师协会注册的工程师。

写到此处,笔者不禁油然赞叹。笔者曾经在本科四年学习电机相关的课程,包括电磁场、电机制造、瞬变过程等,其复杂、枯燥、艰难、乏味,一言难以蔽之。在没有计算机辅助的情况下,某个瞬变过程的计算就是个浩大的过程。记得在大二设计齿轮变速箱时,为了一个齿轮的尺寸整整算了一个 16 开大本子。

幸福的日子刚刚开始,第二次世界大战就爆发了。菲利普斯和大他 15 岁的哈耶克一样(哈耶克入空军参加了第一次世界大战),毅然选择了投笔从戎、保家卫国,奔赴太平洋战场,目睹了各位从战争片中感受过的残酷和战栗。菲利普斯的军人生涯并不彪悍,很快就不幸在爪哇岛被日军俘获,在战俘营度过了一段艰难而有意义的岁月。这段时光的意义就在于,他向战俘营中的中国士兵学习中文,帮他开启了晚年研究和讲授中国经济史的传奇生涯。

战争结束后,菲利普斯已经 32 岁,来到伦敦经济学院学习社会学,并深深被经济学吸引。这一年应该是 1946 年,萨缪尔森的《经济学》(1948年第1版)尚未出版,但凯恩斯经济思想已经如火如荼。据此推断,菲利普斯很可能接受的是马歇尔的古典经济理论,并深深受到凯恩斯货币理论的影响,进入货币和总收入的研究中。

作为一位技术出身、工科基础彪悍的经济学者,菲利普斯在1949年设计了一台模拟货币化国民收入决定的机器,名字叫"莫妮卡"(MONIAC,Monetary National Income Analogue Computer),现新西兰储备银行仍在展示这台机器。用玻璃管道中流动的彩色水流来代表货币,改变中的管道水量和流动率可模拟利息率调整对货币的影响。这一机器为菲利普斯带来了伦敦经济学院的终身教职,并通过向研究机构和大学销售而获得不菲收入。(复合型人才多么重要!我们的经济院系现在要求应聘者必须是本硕博均为经济学专业毕业,这将埋没多少菲利普斯啊。)

1958年,菲利普斯已经44岁了,发表了一篇名为《1861—1957年英国失业率和货币工资变化率之间的关系》的论文,这是一篇标准的实证研究论文。他从英国近百年的工资和通胀数据中发现:当名义工资增长率高的时候,失业率就比较低,反之失业率就比较高,两者之间存在此消彼长的关系。

然而,令人费解的是,菲利普斯发现这一关系之后,却并没有作进一步研究,转身消失在了茫茫人海中,自此离开了经济学理论模型的研究道路(据说,他是因为自己无法解释这一关系,具体真实原因,已经随着菲利普斯进入了坟墓),晚年转向了经济史的研究。(这似乎和我们见过的很多无奈的经济学家的选择相同。经济学与生俱来的自由与干预的色彩,导致很多经济学家不得已放弃经济学的理论研究,而转向经济思想史或经济史的研究,颇能规避一些尖锐的经济学问题而安度余生。此处为多言,估计菲利普斯不是这个原因。但是晚年转入思想史或经济史的研究,也许是很多经济学者的必然。)

然而,丰城剑气终不可没。1960 年,经济学江湖大神萨缪尔森和索洛(这二位诺贝尔经济学奖获得者的一生友谊长存,按照费尔普斯的说法,是"穿一条腿的裤子"的友谊)拾起了这篇静默蒙尘的论文,并据此对美国数据进行了实证分析,于 1962 年发表了《关于反通货膨胀政策的分析》,正式以"菲利普斯曲线"(Phillips curve)来命名通货膨胀率和失业率之间此消彼长的关系。自此,菲利普斯曲线作为凯恩斯经济理论和政策的基石,稳坐经济学理论体系中几十年岿然不倒,成为美国乃至全世界资本主义国家唯马首是瞻的理论大旗。乘着凯恩斯主义政府干预的春风,菲利普斯曲线颇有些春风得意马蹄疾的快感。

尽管菲利普斯曲线"一日看尽长安花",仍然没有看到自己未来将遭遇的灭顶之灾。世间万事万物逃不过成住坏空,一旦被推崇到至高无上的地位,这种推崇的背后,就是越来越势不可挡、滚滚袭来的衰败。

话说那是 1973 年 10 月 6 日,是犹太人的赎罪日,阿拉伯人趁机发动了打击以色列、收复失地的中东战争。由于以美国为首的西方国家在战争中支持以色列,石油输出国组织决定对美国实行石油禁运,世界石油市场供给一天就下降了 500 万桶,致使石油价格从战前的每桶 3.011 美元飙升到 1973 年年底的 11.651 美元。这对于极度依赖石油进口的美国来说,无异于是一场灾难。

政府不得不削减学校、医院和桥梁等的公共支出,数万工人被迫失业,经济萧条的黑霾再次降临美国。价格飙涨,失业率攀升,二者之间的负相关关系不复存在。凯恩斯主义者们一筹莫展,而自由主义者们趁机粉墨登场,纷纷展示其附加预期的菲利普斯曲线、垂直的菲利普斯曲线、近似理性预期的菲利普斯曲线等。萨缪尔森的菲利普斯曲线只有暗淡收场。

在此不再累述各种变换之后的菲利普斯曲线,若有兴趣,可参见作者微信公众号"经济学江湖事"。

27

电缆工程师詹金画的供求均衡图

　　微观经济学中的供需均衡分析图被称为"马歇尔叉图",这是经济学中最著名的图。那么这个图到底是什么人画出来的呢?说起来,这个人还真的经历丰富,专业多元,职业头衔包括铁路工程师、电气和电缆工程师、经济学家、评论家、演员、剧作家和艺术家。他就是巴黎总工程师弗莱明·詹金。

微观经济学中的供需均衡分析图被称为"马歇尔叉图"（Marshallian cross）。只要学习经济学的人都会记得，翻开经济学教材的第一章必然就是供给和需求的均衡分析。这一分析如此深入人心，几乎达到了洗脑的地步，只要看到市场中任何风吹草动，第一个想到的恐怕就是均衡图。

　　那么，这个均衡图到底是谁画出来的呢？是马歇尔吗？估计没有人考虑过这个问题，也许理所当然认为是马歇尔，也许是压根没有想过要知道是谁画出来的。作为一名学习经济学说史的学生，研究每个理论的传承和变化是我的本分所在。所以还是翻翻书找到答案是正经，即使没有什么用，作为八卦讲讲故事也是有趣的。且听我道来吧。

　　"供给和需求"这两个名词最初见于詹姆士·斯图亚特（James Steuart，1707—1780）在1767年出版的《政治经济学原理的研究》中；后亚当·斯密也在1776年出版的《国富论》中使用，斯密甚至在第一篇第七章中论述了需求和供给不同市场走向均衡的思想；李嘉图、古诺、杰文斯等人都描述了供给和需求的特点以及供求导致市场走向均衡的机制。但是上面几位都没明确画出供给曲线和需求曲线。

那么到底是什么人画出来的呢？说起来，这个人还真的经历丰富，专业多元，职业头衔包括铁路工程师、电气电缆工程师、经济学家、评论家、演员、剧作家和艺术家。他就是巴黎总工程师弗莱明·詹金（Fleeming Jenkin，1833—1885）。

詹金年轻时在意大利读了电磁学硕士，业余时间在艺术学校学习，在被允许的情况下会在歌剧院演奏钢琴。他可以在几分钟之内画一幅肖像，还发明了一种留声机，有空也会作点诗词歌赋助兴，还是缆车和高架索道的发明者。1857年成为电缆工程师，忙于为大西洋海底电缆敷设船设计机械支撑和安装实验。1866年任伦敦大学学院工程教授，1868年被钦定为爱丁堡大学工程教授。

詹金作为巴黎总工设计和管理道路建设时，开始思考和工程有关的经济问题，包括需求、供给以及差别定价问题，并在1870年的论文《以图形表示供求法则》中首先绘出供给曲线和需求曲线。文中明确说明：(1)供给和需求都是价格的函数；(2)需求曲线是负斜率，供给曲线是正斜率；(3)供需曲线的交汇点就是均衡点；(4)均衡点是通过市场竞争达到的。

这个模型后来被马歇尔在其1890年的教科书著作《经济学原理》进一步发展及普及，不仅定义了需求，而且创新地提出需求弹性，并提出了需求定律的替代效应和收入效应的分解思路，完善了有关需求供给的所有概念。马歇尔是个不错的诠释者和传播者。

工程师提出经济学模型，是不是挺让人惊讶？令人惊讶的还有呢。

早在 1867 年 6 月,詹金就涉足讨论达尔文的《物种起源》中提出的自然选择和遗传融合问题。达尔文提出了一种使得一个物种变得更强、更好或更快的机制,认为某一代物种中出现的有利的特性都会传给下一代,并从而使该物种更加强健。

詹金认为,达尔文这一理论是错误的,因为每一个新的、有利的变化都会在繁殖中逐渐被其他遗传因素稀释削弱,直至最后消失。詹金用一个小故事阐明自己的观点:一座岛上的居民都是黑人,如果有一个白人希望和岛上的黑人生育后代,以便将岛上黑人的肤色变白,这个白人一定会失望,因为他很快就会发现,他那白人的血统会被稀释,变得无足轻重。

也就是说,从动态的观点来看,达尔文的理论是站不住脚的,它只能解释静态的事物。在进化过程中,特异现象时有发生,但是它们很快就会消失,因为生物体总是倾向于使一切都回归于平常。如果自然选择要起作用的话,就得需要某种尚未发现的替代机制。

尽管詹金的想法没有流传百年,但是也引发了达尔文的进一步深入思考,就此而言,詹金仍然是科学进步的推动者之一。当然,他也推动了经济科学的进步,至少在经济学从伦理学分化出来转向科学的道路上,詹金添上了绚丽的一笔。

28

专治各种不服：
萨缪尔森开挂的一生

萨缪尔森人称"经济学界最后一位通才"。如果用一句话来形容他，我更愿意使用"专治经济学界的各种不服"。这不仅因为萨缪尔森始于 1948 年塑造的经济学模样，至今无人可以撼动，还因为在萨缪尔森出生到离世，任何与他相关的事情似乎都透着骄傲劲儿。

萨缪尔森人称"经济学界最后一位通才"。如果用一句话来形容他,我更愿意使用"专治经济学界的各种不服",这不仅因为萨缪尔森始于 1948 年塑造的经济学模样,至今无人可以撼动,还因为在萨缪尔森出生到离世,任何与他相关的事情似乎都透着一股骄傲劲儿。

　　萨缪尔森的骄傲可以从他的自传中看到:"萨缪尔森总是受幸运之神眷顾,一辈子都是待遇偏高而工作量偏低。他自幼聪颖,深受父母宠爱,成绩一直名列前茅……他天生是从事学术研究的料,在芝加哥的平均成绩是 A,在哈佛是 A+……经济学这一行如天造地设般地适合他……"

出生地小镇有两位诺奖获得者

　　萨缪尔森 1915 年 5 月 15 日出生于美国印第安纳州加里镇。他后来的学生兼同事斯蒂格利茨也出生在这个镇子上。也就是说,这个小镇子至少出了两名诺贝尔经济学奖获得者。这足以让这个小镇傲视一方。

但实话实说,在这点上,萨缪尔森的小镇输给了 2006 年获得诺贝尔经济学奖的费尔普斯出生的小镇,纽约州哈得逊河边的小镇黑斯廷斯。这个骨骼清奇的小镇只有 8 000 人口,却出过 6 位诺贝尔奖获得者,包括 2 位物理学奖得主、1 位医学奖得主、3 位经济学奖得主。

也许,黑斯廷斯镇是全世界最牛气的小镇,没有之一。就这一点而言,萨缪尔森的运气似乎略逊一筹,但仍挡不住他开挂的一生。

本科学神碾压同学

萨缪尔森曾经说:"我能成为经济学家纯属偶然,主要是因为经济分析如此简单而有趣。"经济学有趣倒是真的,说经济分析简单,估计同学们已经倒下一大片。针对有人质疑数学是否能说清楚经济问题时,萨缪尔森说:"数学仅仅是一种语言,傻子要学也能学明白,何况是其他人。"想到每学期高数大面积补考的事实,是不是有人会感觉自己连傻子都不如?

时至今日,一位经济学家所能达到的高度受制于他的数学水平,一位经济学家想发表一篇不包含数学的论文几乎毫无可能。这起始于萨缪尔森毕生致力于研究用数学模型解释世界的方法,这塑造了现代经济学的模样。

萨缪尔森 16 岁进入芝加哥大学,同学中有同为犹太人的大牛弗里德曼。尽管两人在未来的学术道路上走向了理论对战的境地,但在读书期间还都都是孜孜以求的好青年。但就学习而言,矮个子弗里德曼绝对不是神童萨缪尔森的对手。

萨缪尔森大四时选修了著名魔鬼教授瓦伊纳(Jacob Viner,微观经济学中的长期总成本曲线和平均成本曲线来自他的贡献)的研究生课程。瓦伊纳对学生异常严厉,上课实施"三垒出局"原则:只要不能正确回答他的三个问题,即被驱赶出教室。所有的研究生都战战兢兢,而作为本科生的萨缪尔森不仅从未出局,成为回答正确问题最多的学生,而且还在课堂上暴躁地指证瓦伊纳的错误。

由此萨缪尔森声名鹊起,成为芝加哥大学最牛的本科学霸,甚至于成为同学们似乎永远无法超越的神一样的存在。这种存在令同学们压抑和愤懑,萨缪尔森的导师之一道格拉斯不得不安慰他的同学们说:"你们没有必要觉得不如萨缪尔森优秀,就不能碰经济学。"

想象一下那种情景,真心同情他的同学们。被学霸无情碾压的感受实在酸爽!

婚姻生活美满幸福

萨缪尔森于 1936 年和 1941 年获获得哈佛大学硕士、博士学位。博士期间,萨缪尔森和第一任妻子玛丽昂·克劳福德(Marion Crawford)结婚。她是熊彼特的助手,熊彼特曾经热烈追求过她,但是她爱上了萨缪尔森而不是熊彼特。这一点上,萨缪尔森小胜一局。

后来当熊彼特开设"高级理论"课程时,课上的一名学生是后来

2005 年因博弈论而获得诺贝尔经济学奖的谢林。熊彼特在上课中察觉到谢林的学问超越了自己，便要求谢林在课堂上指出自己哪里讲解有错误，并询问谢林为何懂那么多关于动态均衡的条件。谢林回答熊彼特是因为看了萨缪尔森的博士论文。就此而言，萨缪尔森再胜熊彼特一局。

　　熊彼特遇到凯恩斯是痛，遇到凯恩斯主义的萨缪尔森也是痛。但是在家庭生活方面，这种痛就显得更加剧烈。凯恩斯虽然没有孩子，但婚姻生活顺意；熊彼特虽然生了一个孩子，但出生之后很快就夭折了，母亲和妻子也在孩子夭折前相继离开了人间。相较而言，萨缪尔森的美满幸福就是上帝的恩宠，他在婚后育有 6 个孩子，这 6 个孩子未来为萨缪尔森生了 15 个孙辈。家丁兴旺在中国是幸福的象征，萨缪尔森做到了。

　　萨缪尔森自言"萨缪尔森老是受幸运之神眷顾"，的确不虚啊。

学术道路春风得意

　　在哈佛大学学习期间，萨缪尔森很幸运地遇到一批世界级的经济学名家，如熊彼特、里昂惕夫、哈伯勒和汉森等，这使萨缪尔森受到了极好的经济学训练。特别是"美国的凯恩斯"汉森的亲自教诲，使其脱离原来在芝加哥大学接受的新古典经济思想，转而接受凯恩斯主义经济思想，后成为美国最著名的凯恩斯主义者，几乎从一开始就成为凯恩斯主义者公认的领袖。

　　萨缪尔森的博士论文是《经济分析基础:经济理论的操作意义》（*Foundations of Analytical Economics*：*The Operational Significance of Economic Theory*)。论文答辩组教授包括熊彼特和里昂惕夫在内,所有人都目瞪口呆地看着萨缪尔森侃侃而谈,甚至萨缪尔森提出的问题竟对答辩组教授构成挑战,教授们恍惚感觉自己反过来成了答辩人,而萨缪尔森才是那个咄咄逼人的教授。答辩临近尾声时,熊彼特心虚疑惑地环顾左右:"答辩就这样结束了?"

　　萨缪尔森博士论文获得哈佛的"大卫·威尔兹奖",1947年在论文基础上出版的《经济分析基础》获美国经济学会克拉克奖。1951年任计量经济学会会长,1965年任国际经济学会会长,1970年,获得诺贝尔经济学奖,1971年获得爱因斯坦奖章,1996年被授予美国国家科学奖。萨缪尔森就好像奖章收割机,获得了一个经济学家可能获得的所有奖项。他开玩笑说:"可惜没有银河系政治经济俱乐部奖"。

　　萨缪尔森喷涌而出的才华为人类贡献了几百篇学术论文,仅1937—1979年间,他发表的论文总数在300篇以上,这些论文编为7卷本的《保罗·萨缪尔森科学论文集》。卓越的学术能力令萨缪尔森在教材编写中驾轻就熟。1948年,萨缪尔森出版《经济学》第一版,此后一发不可收拾,去世之前再版18次,翻译为40多种语言,售出4000多万册。面对此前无古人后无来者的盛况,萨缪尔森毫不谦虚地说:"只要这个国家的教科书是由我写的,就让其他人去拟定法律条文吧!"

拒绝哈佛和芝大邀请

　　萨缪尔森的卓越令哈佛大学后悔不已。在他博士毕业时，由于犹太人身份未能在哈佛获得教职，遂接受了麻省理工学院的邀请，自此到去世再也没有离开麻省理工学院。其间，哈佛发现没有留下萨缪尔森是个错误，于是力邀萨缪尔森回到哈佛，被萨缪尔森拒绝了。

　　后来，芝加哥大学也向萨缪尔森伸出了橄榄枝，期望能同时囊括凯恩斯主义的萨缪尔森和自由主义的弗里德曼作为学术带头人。考虑到弗里德曼和芝加哥大学右倾的学术气氛，萨缪尔森稍作犹豫也拒绝了。此外，萨缪尔森还先后拒绝了肯尼迪总统和约翰逊总统希望其加入经济顾问委员会的邀请。

　　就这些拒绝而言，谁敢与萨缪尔森争锋？萨缪尔森自己的说法是："长期来看，经济学者只做自己认为正确的事情……即使这意味着要失去广大读者的欢迎或与这个时代的精神相悖。"

　　怎样的底气才能说出这样傲视群雄、夷然不屑的话来?!

以萨缪尔森的话来结尾

　　在前面的经济学简史中，我们介绍了萨缪尔森的微观经济学和宏观经济学体系，是自由主义和干预主义的折中，具体包括萨缪尔森教材中引用的菲利普斯曲线的折中、供给曲线的折中等。这种折中反映了他在使用技术性的数学模型解释经济之外更高层次的哲学思考。

　　萨缪尔森曾经写道：

　　　　尽管对现实世界的实证分析指引并限制着我作为一名经济学家的一举一动，但是我从未忽视对实证结果的道德准则的关注。我的准则很简单，就是支持处于劣势的人们，且（在其他条件保持不变的情况下）痛恨不公平。

29

费尔普斯和全世界最牛的小镇

1951 年,黑斯廷斯镇居民泰勒获得诺贝尔医学奖。
46 年后,泰勒的邻居莫顿获得经济学奖。1951 年,泰
因贝格从纽约迁居至黑斯廷斯,然后在 1988 年获得物
理学奖。他们实验室有一位已故成员是 1975 年获得
物理学奖的雷恩沃特。1996 年,小镇居民维克里获得
诺贝尔经济学奖;20 年后,费尔普斯再次获得经济
学奖。

前文提到,萨缪尔森从出生到坟墓,都走在鲜花和掌声铺就的道路上,除了在博士毕业教职上遇到点小小不如意,人生只能用圆满来形容。当你艳羡不已,准备匍匐其脚下膜拜学习时,我想说,对于我们这些普通人来说,除了他治学的方法和态度之外,萨缪尔森并不具备成为榜样的力量。

　　举个例子,我们在宏观经济学中学习过,新古典综合派用乘数—加速数原理解释短期经济波动的来源,而这篇文章是萨缪尔森灵机一动用一下午的时间写出来的,然后就在顶级刊物发表,而后被全世界经济学子研习。如果你想模仿他,甚至成为他的话,你是否可以一下午写一篇一级 A 类,一生写 500 多篇论文,而且基本上全部是独立完成,最终多数成果进入教科书呢? 治学方法可以学习,但是有些事情真的不是努力就可以解决的。咱普通人就没有必要较劲了,以免邯郸学步、东施效颦。

　　榜样必须是那种先天条件和我们差不多,人生际遇和我们差不多,但是就在这差不多的命运中,他们表现出和大多数人不同的精神,坚忍不拔、果敢执着、不畏艰险、矢志不渝,最终赢得了鲜花和掌声。那是我们也力所能及的努力，而不是可望而不可即的神迹。我们和他们之间的区别可能是，比他们懒散怠惰、不思进取、知难而退，或者可能是因为我们随遇而安的好心态。

所以我说，爱因斯坦不是榜样，发明天才特斯拉（Nikola Tesla）不是榜样，萨缪尔森也不是榜样。能成为榜样的多如牛毛，今天咱们就说说比萨缪尔森更会投胎的榜样人物费尔普斯。前面咱们文中说过，萨缪尔森出生的小镇出了两位诺贝尔经济学奖获得者，一位是萨缪尔森，另一位是他的学生斯蒂格利茨。费尔普斯人生只有在这一点上小胜萨缪尔森，他出生在纽约州的黑斯廷斯镇，这座小镇前后共有 6 位诺贝尔奖获得者。

1951 年，本镇居民泰勒获得诺贝尔医学奖。46 年后，泰勒的邻居莫顿获得经济学奖。1951 年，泰因贝格欣赏黑斯廷斯的学术环境和氛围，从纽约迁居至此，然后在 1988 年获得物理学奖。他所在的实验室成员中，有一位已故成员是 1975 年获得物理学奖的雷恩沃特。1996 年，小镇居民维克里获得诺贝尔经济学奖，20 年后，费尔普斯获得诺贝尔经济学奖。

费尔普斯获奖后，有记者询问，是否黑斯廷斯的水和别处的水不同。费尔普斯笑着说，黑斯廷斯最不同的就是这里的高中教育。具体那里的教育好在哪里，本人手头毫无资料可以评价。打个比方说，如果某高中每年考上清华北大的毕业生超过 100 个，你肯定会觉得这个学校很牛，但是如果我说这是人大附中，你就会觉得原来如此，那是应该的。黑斯廷斯高中就是人大附中一类的学校。

　　费尔普斯在 2006 年获得诺贝尔奖之前,在我国几乎没有什么名气,除了资本积累的黄金律之外,很少能从经济学教材和刊物上看到他的名字。这误导了我们,以为他是个很平凡的经济学家。实则不然,费尔普斯在美国经济学界如日中天。

　　2001 年 10 月,仅仅在"9·11"事件之后一个月,哥伦比亚大学召开了以"向费尔普斯致敬"为名的学术研讨会。与会者是来自全世界最著名的 400 位经济学家们,所有人的论文均以自己的研究受益于费尔普斯哪篇论文作为开端。我们耳熟能详的那些大牛皆以此方式发表了向费尔普斯致敬的学术讲座。会后论文在 2004 年结集出版,书名为《信息不完全和不确定性:向费尔普斯致敬》(这本书目前应该还没有中文版,我 2008 年从国家图书馆借阅了英文版)。该论文集中作者包括索洛、卢卡斯、曼昆、斯蒂格利茨等。迄今为止,也许是我孤陋寡闻,我还没有听说另一场以向某某致敬为名的学术研讨会。当然,这不包括我国经常以纪念的方式向某位中国学者致敬的学术研讨会,根本不可相提并论。

　　费尔普斯之所以受到如此高的礼遇,不仅因为他卓越的学术贡献,更因为他支持年轻人的高尚举动。费尔普斯在哥伦比亚大学教书时,热衷于组织研究生和年轻教师的研讨会,并将研讨会论文结集出版,以此支持年轻学者的研究道路。这是费尔普斯特别令人敬重的地方,学术上的无私精神。鉴于新凯恩斯主义者(也包括卢卡斯等新古典宏观经济学代表人物)的多数理论和模型来源于费尔普斯的早期研究,因此多数学者认为费尔普斯是新凯恩斯经济学最重要的奠基人之一,而诺贝尔奖委员会则奖励其构建宏观经济学微观基础的贡献,这一贡献促进了新凯恩斯经济学和新古典宏观经济学的发展。

当然,费尔普斯自己驳斥这种说法。根据对欧洲长期失业和萧条的研究,费尔普斯撰写出版了《结构性萧条》(这本书国内有中文版,完全不同于林毅夫的新结构主义经济学),并在多处场合一再强调自己是结构主义者,而不是新凯恩斯主义者。但是这完全挡不住所有文献和教材在不承认其结构主义的前提下,众口一词地称其为"新凯恩斯主义者",包括我们现在使用的所有经济学流派教材。真替他无奈啊,毕竟他年事太高,已经无法发扬光大自己的结构主义理论。

费尔普斯是个很低调的人,除了活跃于讲台和学术研讨,极少在媒体上对美国和世界经济指手画脚。他30年如一日地住在纽约公园旁边租住的三室一厅中,无房、无车,每天坐地铁穿过纽约公园上下班,甚至娶了一位离异带女儿的太太,以至于自己一生再未生育。生活简单、简朴,唯有教学和学术是他兴趣所在。在获得诺贝尔奖金之后,记者问他有何打算时,老人家的回答是:"也许会买处房子。"

30

改行做个经济学家又何妨？

如果考察诺贝尔经济学奖得主的背景，经济学的包容性就更加明显。据统计，在 74 位获奖者中（截止到 2018 年），只有 27 位经济学博士，其余的是哲学博士（16 位），数学博士（7 位），以及物理学、工学、法学、社会学和理学博士等，还有人压根儿就没有博士学位。

据说,经济学说史上第一位经济学家是法国医生魁奈。他出身农民家庭,自幼喜好医学,16 岁开始做学徒学习医术,24 岁正式挂牌外科医生。因医术高明,很多社会名流都会请他看病,凭着精湛的医术,魁奈最终成为法国国王路易十五及其情妇的常任御医。

魁奈成为御医之后,入住凡尔赛宫,与国王的近距离接触,使得魁奈对法国的经济和社会问题非常感兴趣,经常在自己的寓所中举办沙龙,社会名流齐聚,高谈阔论法国的经济和贸易问题。而路易十五也经常跑过来参与,吸收御医的经济思想。在此期间(1758 年,魁奈 64 岁),魁奈发表了最著名的经济学著作《经济表》。

1767 年,经济学之父亚当·斯密的《国富论》尚未封笔,他来到法国游历,魁奈沙龙成了斯密的好去处。当时的很多人认为,魁奈可比肩苏格拉底,《经济表》可比肩印刷术。斯密尽管没有全盘接受魁奈的重农主义思想,也称不上是魁奈的弟子,但是斯密把魁奈看作是经济学界的最高领袖,希望《国富论》出版之后可以敬献给魁奈。遗憾的是,等到《国富论》付梓印刷时,魁奈已早在 1774 年就驾鹤西去了。

从魁奈的经历可见，只要您喜欢研究经济问题，您随时可以成为经济学家。在魁奈之后的漫长岁月中，这样的例子不胜枚举。原因是在18世纪的欧洲，大学里没有经济系，政府也不开办经济研究机构，想做经济学家，只能自己先解决吃饭问题，之后才能有闲情逸致研究经济学。如此看来，经济学当初是和哲学、艺术一样不能当饭吃的阳春白雪呢。如今，经济学落入寻常百姓家，仍然是一副平易近人的样子。只要是个人，只要会点数学，只要肯努力，就可能成为经济学家。

最能说明这个问题的，可能就是如今最牛的那群经济学家啦。比如说，2002年的诺贝尔经济学奖，授给了行为经济学和实验经济学的先驱者卡尼曼和史密斯。令人诧异的是，卡尼曼自认为是心理学家，而非经济学家。2009年获奖者奥斯特罗姆也是这样，与其说她是经济学家，勿宁说是政治学家。此外，2000年获奖者麦克法登提出的离散选择模型，即使从纯数理统计的角度看，也有重大突破。至于纳什、哈萨尼、泽尔腾和康托罗维奇等，都是学界公认的数学大师。

如果考察获奖者的身世，上述情形就更加明显。据统计，在74位获奖者中（截止到2018年），只有27位经济学博士，其余的是哲学博士（16位），数学博士（7位），以及物理学、工学、法学、社会学和理学博士等，还有人压根儿就没有博士学位。

例如，赫维茨的最高学位是在波兰获得的相当于硕士学位的法学学位。他毕生没有经济学学位，其经济学知识都是"通过倾听和自学"得到的。斯通也是这样。他拿至学士学位后就参加了工作，直至出版《国民经济核算体系及辅助表(1953年)》(SNA),成为国民经济统计之父。科斯也一再强调,他没有学过"黑板经济学"。获奖者的"第一学历",更是如此。

　　看来,改行当个经济学家,并成就一番事业,并非是天方夜谭。这大概同经济学的学科特点有关。一是经济学是社会科学,涉及社会生活的诸多领域,而且日益同其他学科融合,研究经济学需要多种专业背景,"杂家"有优势;二是研究经济学需要多种分析工具和研究手段,尤其是数学手段,而半路出家的人,特别是有理工科背景的人,正好具备了"厚基础、宽口径、复合型"人才的优势。所以,是不是科班出身,对经济学来说并不是关键。真正重要的是,你是否对经济学有兴趣,是否有正确的方法,是否肯下功夫。

31

经济学家告诉你活得长有多重要

　　诺贝尔经济学奖姗姗来迟,也有它的道理。其中最主要的是获奖成果需要实践检验。经济学属于社会科学。其研究成果是否科学,能否立住脚,既不取决于行政权威的"批示",也不取决于学术权威的"票决",而只服从于社会实践的最终检验。而实践检验是需要较长时间的。

活得长绝对是熬死对手的必杀技,成功率100%。

经济学说史上最著名的华山论剑发生在凯恩斯和哈耶克之间。年轻的哈耶克离开战乱纷飞的故土,投奔伦敦经济学院,期望在与大神凯恩斯的论战中声名大噪,在学术圈扬名立万。然而,哈耶克是失望的。

凯恩斯彬彬有礼地指出:哈耶克的理论全是垃圾……一派胡言乱语……你不要指望我会完全接受你书中的观点……天知道什么是商业周期……

凯恩斯主义思想一时风头无两。经历了各种挫折和失望的哈耶克最终不得已回到家乡一个小学院,在老年抑郁的痛苦中挣扎着岁月。

然而,1946年,凯恩斯带着满腔的爱国之情,在为英国财政困境奔波中去世了,享年64岁。28年后的1974年,已经在老年抑郁中困苦多年,75岁的哈耶克获得了诺贝尔经济学奖。

这个奖项不仅拯救了哈耶克,也拯救了哈耶克孜孜以求的自由主义理论。最重要的是,荣誉帮助哈耶克拿到了足够好的教学职位和收入,从同时赡养前后两任太太的困窘局面中解脱出来。

后来有记者问哈耶克,在和凯恩斯的华山论剑中,哈耶克到底是赢了还是输了。哈耶克志得意满地说:"我还活着。"

活得长可以熬死对手,这是不争的事实。而经济学人要获得经济学奖,也必须要活得长,不仅要熬死如日中天的大神,还要熬死尊崇大神的政客,以高龄获得独孤求败的资格。

1991 年,81 岁高龄的科斯荣获诺贝尔经济学奖。一位在颁奖现场的记者问科斯有什么感想。科斯就不无幽默地说,要想获得诺贝尔经济学奖,活的足够长是必需的。

但他不是最老的经济学奖活的者。2007 年,列昂尼德·赫维茨因"为机制设计理论奠定了基础"而获奖,时年 91 岁,获奖不足一年即去世。他是历史上最老的诺贝尔经济学奖获得者。

据说,赫维茨得知自己获奖时,异常感慨地说:"我还以为我的时代已经过去了呢。因为对于诺贝尔奖来说,我实在太老了。不过,这笔奖金对于一个已退休的老人来说,的确大有裨益。"

给老者颁奖有时也会留下遗憾。1996 年,82 岁高龄的维克里在欣悉获奖之后的第三天,于前往赴会的途中悄然离世。诺贝尔奖的光环虽然为这位经济学家毕生从事的学术研究画上了一个完美的句号,但大师却永远不能实现在颁奖现场向大众宣讲其古怪思想的愿望了。

据统计,诺贝尔经济学奖获得者获奖时的平均年龄是 67.4 岁。其中,60 岁以下的 12 人,60—69 岁的 33 人,70—79 岁的 25 人,80 岁以上的 4 人。获奖时年龄最小的是克鲁格曼,54 岁;最大的就是上述的赫维茨,91 岁。

当然,历史长河还在流淌,更老的经济学家或许还在死熬着,还在等待着。

仔细想想,诺贝尔经济学奖姗姗来迟,也有它的道理。其中最主要的是获奖成果需要实践检验。经济学属于社会科学。其研究成果是否科学,能否立住脚,既不取决于行政权威的"批示",也不取决于学术权威的"票决",而只服从于社会实践的最终检验。而实践检验是需要较长时间的。例如,科斯的获奖论文《企业的性质》1937 年发表,经过近 30 年的检验,才逐渐被学界认可和接受,并在 54 年后获奖。另一篇论文《社会成本问题》,从发表到获奖也经历了 30 多年。其他获奖成果也大抵如此。

获奖成果要经得起时间考验,这是诺贝尔奖遵循的一个原则。实践证明,这是一个经得起时间检验的正确原则。另外,颁奖给实至名归的人,也可以抑制学界急功近利的浮躁心态。

终篇

经济学与中国

32

那些跻身国际前沿的中国经济学家

在新中国建立之前曾经有那么一批世界一流的经济学家——他们与闻名世界的大家不分伯仲;他们让中国曾经的经济学研究与世界最前沿并驾齐驱,造就茂实英声、空前绝后的经济学研究盛况,体现着中国经济学家与世界学术界发展保持同步的决心、热望和努力;即使在战火纷飞、颠沛流离中,他们都不曾放弃。

在给研究生上流派课时,我曾要求学生阅读保罗·B.特雷斯科特(Paul B.Trescott)的论文《凯恩斯经济学是如何进入中国的》(*How Keynesian Economics Came to China*),这篇文献中提及了民国时期,中国那些处于世界经济学最前沿的一流经济学家。他们有人曾经坐在教室里聆听凯恩斯讲课;有人的导师是哈耶克、汉森、熊彼特等世界大神级经济学家;他们曾经在世界顶尖刊物上发表文章,甚至有人获得诺贝尔经济学奖提名;还有人名录《新帕尔格雷夫经济学大辞典》,去世的纪念文章由诺贝尔获奖者撰写。

在这篇文献中,特雷斯科特所说的"中国",在时间上包括中华民国和新中国,地域上从大陆延展到台湾地区。论文评述了凯恩斯经济学是在什么年代,通过哪些学者、哪些研究和论文进入中国,并在中国有了什么样的传播方式,以及伴随着1949年前后不断的政治革命,学者们如何在中国发展凯恩斯经济学的,资料翔实,紧扣历史。

几年前,当我第一次看完这篇文章时,心里满满的震惊。一直以来我只关心国外经济思想史,从来没有把视线放在国内,并不知道在新中国成立之前曾经有那么一批世界一流的经济学家——他们与闻

名世界的大家不分伯仲；他们让中国曾经的经济学研究与世界最前
沿并驾齐驱，造就茂实英声、空前绝后的经济学研究盛况，体现着中
国经济学家与世界学术界发展保持同步的决心、热望和努力；即使在
战火纷飞、颠沛流离中，他们都不曾放弃。

这里简单介绍几位文中提及的民国时期经济学家：

刘大中

刘大中，著名计量经济学家，他在康奈尔大学指导的博士生恩格
尔（Robert F.Engle，注意不是恩格尔系数那个恩格尔）因提出 ARCH
模型而在 2003 年获得诺贝尔经济学奖。《新帕尔格雷夫经济学大辞
典》收录传记的唯一一位华裔学者。在他去世之后，库兹涅兹（1971
年度诺贝尔经济学奖得主）曾专门撰写一篇长达 16 页的文章，来纪
念他。

刘大中 1940 年康奈尔大学博士毕业，走上了计量经济学家之
路。1941 年，年仅 27 岁的刘大中就在《美国经济评论》上发表了《论
中国的外汇问题》。他是第一个在这本学报上发表论文的中国人。
1946 年发表《试论中国 1931—1936 年的国民收入》（*China's National
Income*, *1931—36*: *An Exploratory Study*, Washington, D.C.: Brookings
Institution）。1948 年赴美，在国际货币基金组织（IMF）任职，之后回
到台湾地区与蒋硕杰一起推动台湾地区的汇率贸易改革。

1965 在普林斯顿出版社出版重要著作《中国大陆的经济：国民

收入与经济发展（1933—1959 年）》（*The Economy of the Chinese Mainland: National Income and Economic Development, 1933—1959*）。该书出版后,顿时在西方学界引起轰动。这本书成为了研究中国现代经济史的经典。弗里德曼等大经济学家在讨论中国问题时,也总以这本书作为主要依据。

蒋硕杰

蒋硕杰,伦敦大学政经学院哲学博士和经济学博士,其导师是赫赫有名的自由斗士哈耶克。哈耶克非常赏识蒋硕杰的才华,帮助他申请奖学金,并在自己主编的刊物上发表蒋硕杰的论文,这使得他成为民国时期古典自由主义思想的代表。1982 年被提名诺贝尔经济学奖,是迄今为止唯一一位获得诺贝尔经济学奖提名的华裔经济学家。

1945 年,蒋硕杰接受胡适的邀请回国任教北大。1948 年年底,蒋硕杰选择离开中国大陆,去台湾地区工作。他只在台湾大学就职几个月,便在罗宾斯和哈耶克等老师的帮助下去了 IMF 任职,此时刘大中也在 IMF。后回到台湾地区,为当地市场经济的建立和经济起飞建立了卓越功勋。

民国时期作品:

1942, "The Effect of Population Growth on the General Level of Employment and Activity", *Economica*, n.s., 9(36):325—32.

1947, *The Variations of Real Wages and Profit Margins in Relation to the*

Trade Cycle, London: Sir Isaac Pitman and Sons.

1949, "Rehabilitation of Time Dimension of Investment in Macrodynamic Analysis", *Economica*, n.s., 16(3):204—17.

徐毓枬

徐毓枬,剑桥大学博士毕业,唯一一位真正坐在教室中亲耳聆听凯恩斯讲课的中国人。1940 年,其博士论文是关于大萧条时期英国的棉花产业。1949 在商务出版社出版《现代经济思想》。1948 年翻译完成凯恩斯的《通论》,1957 年出版。1957 年,与巫宝三、陈振汉、罗志如等六位经济学家起草了一份"经济学家宣言"——《我们对于当前经济科学工作的一些意见》。宣言中说,"中国的金融和经济政策都是盲目借鉴自苏联,是纯粹的实验和错误,是主观主义和轻率的化身,完全没有建立在客观经济规律上。"很快,参与撰写"经济学家宣言"的知识分子们被划为右派遭到了批判。1958 年,徐毓枬受迫害致死。

1957—1958 年境遇坎坷。1958 年离世。

巫宝三

巫宝三,1936 年在上海第一次读到《通论》,1948 年哈佛大学博士毕业,专业研究国民收入。1949 年留在中国大陆,20 世纪 50 年代后,研究中国经济思想史。后在经济史上取得较大成绩,并历任各种政治职务。

论文包括:

1943,"Ex-Ante Saving and Liquidity-Preferences", *Review of Economic Studies* 11:52—56.

1946a,"International Payments in National Income", *Quarterly Journal of Economics* 40(2):289—98.

1946b,"A New Estimate of China's National Income", *Journal of Political Economy* 54(6):547—54.

是不是超级牛?现代经济学家们是否有能力比肩?

浦　山

浦山,1943年毕业于美国密歇根州立大学经济系。1945年加入美国共产党,后转为中国共产党党员。1949年于美国哈佛大学获经济学博士学位,师从著名经济学家熊彼特。在20世纪40年代,浦山与克莱因、索洛等一起求学和讨论,是不分轩轾的明日之星。后来,克莱因(1980年)和索洛(1987年)都获得了诺贝尔经济学奖,进入了教科书,而被克莱因认为最优秀的同学浦山,在回到国内后,主要是利用马克思主义政治经济学研究世界经济问题,为我国世界经济研究作出重要贡献。

浦山当年的博士论文《论技术进步对就业的影响》,将熊彼特的技术创新思想与凯恩斯主义的收入决定理论相结合,创建了一个包含内生技术进步、加总、预期等在后来的经济学文献中得到发展的重大问题在内的宏观经济模型,得到学术界的高度评价。

樊 弘

樊弘,学术远不如前面几位经济学家,但他是中国本土经济学家的代表。

樊弘 1925 年毕业于北大,1937—1939 年在剑桥大学进修。1953—1978 年间境遇坎坷。中共十一届三中全会之后获得彻底平反,已是垂暮之年了。

新中国建立后,樊弘在国内发表两篇重要论文批判凯恩斯主义经济学,即《凯恩斯的〈就业、利息和货币的一般理论〉批判》和《凯恩斯有效需求原则和就业倍数学说批判》。

参考文献

1. 赖建诚:《经济思想史的趣味》,浙江大学出版社 2016 年版。

2. 亚当·斯密:《国富论》,华夏出版社 2007 年版。

3. 凯恩斯:《就业、利息和货币通论》,商务印书馆 1999 年版。

4. 约瑟夫·熊彼特:《经济分析史》,商务出版社 2015 年版。

5. 约瑟夫·熊彼特:《从马克思到凯恩斯的十大经济学家》,电子工业出版社 2013 年版。

6. 马克·布劳格:《经济理论的回顾》,中国人民大学出版社 2009 年版。

7. 默瑞·N.罗斯巴德:《亚当·斯密以前的经济思想》,商务印书馆 2012 年版。

8. 本·塞利格曼:《现代经济学主要流派》,华夏出版社 2010 年版。

9. 方福前:《当代西方经济学主要流派》,中国人民大学出版社

2014 年版。

10. 汪丁丁:《经济思想史进阶讲义》,上海人民出版社 2015 年版。

11. 鲁友章、李宗正:《经济学说史》,人民出版社 1979 年版。

12. 罗伯特·斯基德尔斯基:《凯恩斯传》,三联书店 2006 年版。

13. 卢梭:《忏悔录》,人民文学出版社 1992 年版。

14. 伊安·罗斯:《亚当·斯密传》,浙江大学出版社 2013 年版。

15. 欧内斯特·C.莫斯纳:《大卫·休谟传》,浙江大学出版社 2017 年版。

16. 米尔顿·弗里德曼、罗斯·弗里德曼:《两个幸运的人》,机械工业出版社 2015 年版。

17. 约翰·穆勒:《穆勒自传》,商务印书馆 1987 年版。

18. 约尔格·吉多·许尔斯曼:《米塞斯大传》,上海社会科学院出版社 2016 年版。

19. 洛林·艾伦:《开门:创新理论大师熊彼特》,吉林人民出版社 2011 年版。

20. 尼古拉斯·韦普肖特:《凯恩斯大战哈耶克》,机械工业出版社 2013 年版。

21. 凯恩斯:《精英的聚会》,江苏人民出版社 1997 年版。

22. 杰弗里·哈考特、普昌·科尔:《琼·罗宾逊》,华夏出版社 2011 年版。

23. 邹进文:《近代中国经济学的发展——来自留学生博士论文

的考察》,中国人民大学出版社 2016 年版。

24. Dennis C. Rasmussen, *The Infidel and the Professor: David Hume, Adam Smith, and the Friendship That Shaped Modern Thought*, Princeton University Press, 2017.

25. Paul B. Trescott, "How Keynesian Economics Came to China", *History of Political Economy*, 1996, 44(2).

图书在版编目(CIP)数据

经济学江湖事:一部极简经济学史/徐秋慧著.—
上海:格致出版社:上海人民出版社,2019.6
ISBN 978 - 7 - 5432 - 3000 - 2

Ⅰ.①经… Ⅱ.①徐… Ⅲ.①经济思想史-世界-通
俗读物 Ⅳ.①F091 - 49

中国版本图书馆 CIP 数据核字(2019)第 054733 号

责任编辑　王　萌
装帧设计　人马艺术设计・储平

经济学江湖事
——一部极简经济学史
徐秋慧　著

出　　版　格致出版社
　　　　　上海人民出版社
　　　　　(200001　上海福建中路 193 号)
发　　行　上海人民出版社发行中心
印　　刷　常熟市新骅印刷有限公司
开　　本　890×1240　1/32
印　　张　9
插　　页　4
字　　数　180,000
版　　次　2019 年 6 月第 1 版
印　　次　2019 年 6 月第 1 次印刷
ISBN 978 - 7 - 5432 - 3000 - 2/F・1221
定　　价　52.00 元